智元微库
OPEN MIND

成长也是一种美好

Agile
Marketing

敏捷营销

刘谕谦 著

人民邮电出版社
北京

图书在版编目（CIP）数据

敏捷营销 / 刘谕谦著 .-- 北京 ： 人民邮电出版社，2021.10
ISBN 978-7-115-57308-7

Ⅰ. ①敏… Ⅱ. ①刘… Ⅲ. ①企业管理—市场营销学 Ⅳ. ①F274

中国版本图书馆 CIP 数据核字（2021）第 183712 号

◆ 著 刘谕谦
责任编辑 王铎霖
责任印制 周昇亮

◆人民邮电出版社出版发行 北京市丰台区成寿寺路 11 号
邮编 100164 电子邮件 315@ptpress.com.cn
网址 https://www.ptpress.com.cn
三河市中晟雅豪印务有限公司印刷

◆开本：720×960 1/16
印张：16.25 2021 年 10 月第 1 版
字数：185 千字 2021 年 10 月河北第 1 次印刷

定 价：79.80 元

读者服务热线：（010）81055522 印装质量热线：（010）81055316
反盗版热线：（010）81055315
广告经营许可证：京东市监广登字 20170147 号

献给我的妻子叶欢。

感谢你忍受我每完成 1000 字时的炫耀，以及走在路上时不时停下来写东西的怪癖。

献给我的母亲。

感谢你发掘了我写作的天赋，并给予我鼓励。如果没有你，这本书将永远不会出现。

赞誉

（按姓名汉语拼音首字母排序）

有幸在本书出版之前阅读了书稿，我受益匪浅。在企业加速数字化转型的时代背景之下，营销本身也在不断发展、进化，并且日趋重要。本书对传统营销领域面临的新问题进行了充分的思考，并针对现有商业环境，尝试以新的方式应对挑战，迎接新机遇，是当下不可多得的一本“数字化营销指南”。

——崔晓波　TalkingData 创始人

敏捷，本是一种新型软件开发方法，应用于营销领域已近 10 年，其目标是提高营销适应变化的速度、可预测性和透明度。本书系统介绍了敏捷营销的概念、应用以及企业需要做的组织架构调整，对正在进行数字化转型的中国企业具有较强的实践指导意义。

——冯祺　Marteker 创始人

在今天的营销环境下，敏捷不仅是手段，更是目的。数字化的今天，新品类一经诞生便快速成熟，新产品一经上市便快速同质，新想法一经曝光便快速透明；数字化的今天，媒体触点越来越碎片化，目标受众越来越细分；数字化的今天，消费者被数字技术赋能的同时也前所未有地被数字技术所控制，营销链路被数字技术贯穿的同时也前所未有地被数字技术所挑战……

对于全球营销人来说，时间轴前移至 2008 年。如果说那时敏捷营销开始成为我们必须面对的挑战，那么今天，敏捷营销已是现状。当今卓越的营销机构不再探讨敏捷营销的意义与方法，而是主动或被动地对敏捷营销身体力行，因为，这是营销竞争自然选择的结果。

所以，作为营销人，如果你还未曾建立敏捷营销的概念与体系，那么是时候阅读此书了。尽管它还不是那么完美，却足以提供有效的经验参考与合理的思维框架。

——郭耀峰　蓝色光标传播集团首席策略官

今天，拜各种创新数据工具所赐，企业的数据能力正随着这些工具可以触及的营销资源的增加而提升。此外，与营销链路上各环节相配套的智能化业务工具也能够与数据建立极好的耦合关系，从而促使营销各环节不断积累创新，最终促使数字营销变得更加敏捷。这本书全面生动地向我们展现了敏捷营销的策略、方法与实践，对摸清数字营销时代的脉搏具有非常重要的价值。

——宋星　纷析咨询创始人

今天这个时代，变化才是最大的不变。营销面对的用户，同样非常不确定。敏捷是最优的方法，它所秉承的原则是，复杂的事情简单做，简单的事情反复做，重复的事情积累做。可谓大道至简。

本书从敏捷营销的思想突破到方法论归纳再到实践工具介绍，是一本不可多得的参考书。作为作者的同事，很高兴能够先睹为快并把这本书介绍给大家。欢迎一起学习实践。

——袁春　掌众科技董事长

在此前的大数据时代，都说“做营销是一门科学也是一门艺术”，其实所谓“艺术”，不过是面对“靠猜”“靠运气”这些无奈时的自我安慰。但在营销变革的当下，消费者不再是模糊的概念，而是可以用数据描述、用数据测量的需求。那么企业的组织构架、文化和工作方式要如何做出调整？这本书从思维到方法论给出了全面的解答。

——瞻云云　前 4A 总监、心理咨询师、知乎大 V、
前公关行业从业者

推荐序

感谢刘谕谦邀请我为《敏捷营销》这本书撰写推荐序，关于营销需要变得更敏捷这一命题，我很早之前就有过思考和探索。

我在ion interactive创业期间，曾帮助很多品牌的市场营销部门建设网站、进行数字营销、进行搜索引擎优化（Search Engine Optimization，SEO）、完成落地页的搭建和相关的转化工作。回头看这些不同品牌的市场营销部门，我发现一个很有趣的现象：公司市场营销的成败取决于它们做“营销实验”的能力，即它们如何能够更快地进行实验，如何同时进行更多的实验。我们看到，如果一家公司需要用一个月的时间测试一场营销活动或一个落地页的效果，其营销表现将在很大程度上受到限制。因为一旦营销活动失败或遇到最坏的情况——连续失败，它们将错失很多市场机会。

相反，我们看到，那些成功的客户能够更快地在营销活动中迭代、进步。同样的人员在同样的时间内，可以在一个营销活动中同时测试多个落地页，或是把一个落地页的模板应用于多个不同的营销活动中，等等。它们每年的营销活动数量是其他企业的数十倍甚至数百倍之多。与此同时，它们善于对营销活动进行分析。这样的迭代速度和学习，不仅使它们之后的营销活动变得更加成功，也使整个组织变得更有活力。

我很惊讶地发现，这种营销模式竟然与我们软件研发中的“敏捷开发”有异曲同工之妙。我知道刘谕谦是软件产品经理，相信他在知道这种营销模式的时候，与我有共鸣并为之雀跃。

传统的瀑布式开发饱受诟病，这种软件研发模式强调如何在确定的环境中指定一个项目的完成形态，并用瀑布图一样的管理模式推进研发，直至完成整个软件的开发。这种模式失去了弹性，失去了对多变的环境的适应性，更要命的是，它缺乏用户的反馈。敏捷营销不同，它更多地强调先将不那么完美的产品投放到市场上，再基于不那么挑剔的客户的反馈进行迭代和提升。

以上这些经历，启发我在 2015 年写了《黑客营销》一书，意在把软件研发领域的敏捷观念带到数字化时代的营销中，帮助市场营销人员更好地适应多变的数字化环境。我希望通过这本书告诉大家，过去我们更倾向于把营销当成一个项目进行管理，这其实是有终点的。就像我们过去铺设销售渠道一样，尽管这种营销模式并没有失效，有许多新型企业也通过这样的方式取得了很好的发展，但我希望能够给营销以一个管理“产品”的角度进行思考。在今天如此多变的环境中，我们需要像管理敏捷研发的软件一样，不断地向消费者交付新的价值——不仅把关注点放在每年一次的庞大的营销活动上，而且管理和优化与消费者的触点及触达内容，并能持续不断地拓展新的触点和交流平台。

就像我之前提到的，我们身处一个极速变化的世界。不管是新冠疫情的影响，还是短视频平台等新市场的兴起，营销人员都需要聚焦，让市场营销能够更细化、更好地适应多变的环境。

以美国的保险公司安泰（Aetna）为例，它早期拥抱了“敏捷”，以敏捷营销管理市场营销团队，开展营销活动。它通过“客户之声”（Voice of Customer）软件，从移动端和网站获取了用户反馈。营销部门基于这些反馈，快速迭代自身的客户服务能力和体系，让个性化的服务成为该公司的核心竞争优势。正因为敏捷营销，短短3年，它的会员数量增长了3倍，达到2300万。公司也因为出色的表现在2018年被西维斯健康公司（CVS Health）收购。

在众多案例中，我同样发现，敏捷营销在落地过程中知易行难。因为这并非购买几个软件、每天召开晨会就能够实现。在更多的情况下，它事关文化、组织架构和培训等，是与“人”息息相关的事情。就此，我与刘谕谦有过多次交流，我们一致认为：技术能解决的问题都是小问题，关键在于解决人的问题。敏捷作为一个系统，需要一线业务人员准确理解并执行，关键还在于如何激励他们，让他们更具主动性，对每一个小的项目负责。

当刘谕谦告诉我他准备写《敏捷营销》一书时，我觉得很兴奋，因为他既从事过大数据营销咨询工作，又担任过产品经理，经验丰富，对于推广敏捷营销这一营销体系再合适不过。我希望，刘谕谦可以通过这本书，把我践行过的、能让市场营销人员成功的系统和理念带到中国，并获得成功。

今天的中国正在经历一场前所未有却又令人振奋的数字化转型，正因如此，对于能够读到这本书的中国读者，对于未来的市场营销人员而言，接触敏捷营销这一理念并将它运用到日常的工作实践中，势必能够极大限度地帮助它们的企业取得成功，并助力它们实现更好的职业发展。

我坚持认为，营销的体系再怎么变，营销的核心思想——将新的、好的产品告诉全世界，是永恒不变的。我期待有更多的人与我们一起，加入营销行业，享受联通世界的感觉！

斯科特·布林克尔（Scott Brinker）

《黑客营销：像扎克伯格一样去战斗》作者

“营销技术”（MarTech）概念创始人

目录

第二篇　实践篇

第三篇　敏捷营销案例启示录

序篇

一个品牌被大众熟知需要多久？

10年？是的。过去从产品研发到媒体传播、全国渠道的铺设，确实需要10年甚至更久。但是近几年，我们发现，大量新型品牌的崛起速度令人咂舌，比如美国的电动汽车特斯拉，国货品牌元气森林、完美日记，以及在挑战传统品牌的过程中获得胜利的各个新兴品牌。

这些挑战者的成功崛起，一部分原因是消费者对传统品牌的厌倦，但更大的原因是，这些成功的企业和品牌都拥抱了一种新的营销哲学——敏捷。

拥抱敏捷营销

敏捷营销是一种适应新时代消费者心智变化的营销模式，其背后是开放试错的企业文化、扁平化小团队的组织架构、快速迭代的营销活动执行及可用的营销技术栈。

我们将实践敏捷营销理念的营销人员称为敏捷营销者（Agile Marketer）。基于敏捷营销，面对更加开放的数字化媒体发展和营销技术的提升，他们可以快速了解消费者对营销活动的反馈，在营销过程中快速迭代、快速优化，从而帮助企业建立前所未有的竞争优势。

在此不得不遗憾地告诉传统营销人员的是，在未来传统营销人员或将面临转型或失业。以后的品牌公司商业竞争，不再仅仅比拼谁的营销点子更好、谁的定位更精准，更重要的较量将是谁更敏捷，即谁能够更快地把新的价值传递给消费者。

在数字化时代，以“供应链＋广告＋分销渠道”为基础的“产品力”及品牌追求，恐怕将难以为企业提供强大的竞争力。取而代之的企业差异化竞争核心，是对客户需求做快速响应的能力，以及因此培养的“消费者力”。

其中，有敏捷营销能力的企业因为更加了解自己的客户而成功进行敏捷迭代，可以生产出其他品牌商无可比拟的非凡产品，开展影响更加深远的营销活动。

敏捷营销将为企业带来以下 3 个主要变化。

1. 定位优化

从根本上讲，没有运营能力的营销，与在农贸集市上吆喝没有本质区别，只不过收音机、电视等媒介让声音变得更大了而已。通过敏捷营销，营销人员可以创造与消费者双向交流的机会，品牌定位将从“创造产品找到消费者”变为“基于用户诉求打造产品”。

2. 连接强化

通过外部合作伙伴或自己构建的数字化平台，过去被分销商和电商割裂的与消费者连接的可能性将依靠品牌 App、小程序电商、用户数据平台等技术手段重新连接。如果客户想与品牌平等交流，并不会比给在家中的妈妈打个电话难多少。品牌是什么，不再由企业高管在会议室里讨论决定，而是由消费者决定。品牌要做的就是收集这些消费者的诉求，并尽快交付更能满足消费者需求的解决方案。

3. 营销增长将变成指数型模式

过去，不投放广告，销售额就几乎不会有增长。事实上，因为营销策略的积累，每一位营销人员的知识和经验都将为之后的营销活动带来复利效应。即使是菲利普·科特勒（Philip Kotler，被誉为“现代营销之父”）提出的营销 4.0，也被认为只是大数据技术创造的更高效的用户沟通管道。当然，这毫无疑问是新时代营销的第一步——以高效、精准的信息传达管道代替低效的管道式营销。随着社群经济、关键意见领袖（Key Opinion Leader，KOL）及平台商业的发展，营销的管道似乎被一双无形的大手拍扁，变成一张网。在这张网中，所有消费者都会被 KOL 和品牌构建的社群所连接。品牌需要做的是构建运营平台的能力，剩下的交给这张网中的消费者进行自传播、自增长即可。敏捷营销人员需要做的，只是为这群人的连接提供引导。

品牌将不再属于企业，而属于消费者。

因为营销部门直接接触消费者反馈，它将从过去与产品、运营、IT 等部门割裂的格局中融合再生，敏捷营销部门将间接拥有产品的研发、用户的运营、用户数据的处理等一系列为企业各部门提供快速迭代营销能力的生产条件。

为了实现以上转变，企业需要做的，并不只是招聘一个“有数据分析能力的敏捷营销团队”，或者购买几个营销自动化的软件。以“敏捷”为核心的营销哲学，要求企业重新思考从企业文化到组织架构、从营销技术栈到工作方法论、从产品研发到营销活动乃至与营销相关的所有企业决策和执行链条，直到想清楚什么是属于本行业、本公司的敏捷，以及如何更加敏捷。

软件开发领域不是唯一可以应用敏捷迭代的领域。一切可以通过快速迭代获取商业竞争优势的行业，都可以将敏捷迭代作为新的业务增长点的探索方式。营销正是其中之一。

软件行业之所以是一个将敏捷发挥到极致的行业，是因为软件有近乎无限延展的特性。

软件行业的特性就是“要么敏捷，要么死”。谷歌的前首席执行官埃里克·施密特（Eric Schmidt）在摩尔定律的基础上提出了一条“反摩尔定律”：反过来看摩尔定律，如果一家 IT 公司今天和 18 个月前销售了同等数量的、同样的产品，它的营业额就要降一半。

硅谷著名风投和企业家马克·安德森（Marc Andreessen）说过：“软件正在蚕食这个世界。”他的意思是，即使是硬件公司，包括供应链条最长的汽车产业中的特斯拉，也开始将汽车当作一个软件进行运营了。特斯拉的 OTA 系统（我们在后面的章节会重点介绍），可以在一个月内从这台车的无人驾驶到语音识别系统彻底更新一次。

反摩尔定律同样适用于营销领域。正如最能够享受媒体流量红利的时候，通常是媒体尚不被大家熟知的时候，比如2015年的今日头条和2017年的抖音。新的获客方法的效果只有在最开始被发明出来时最好。相比过去强调“不犯错”，现在营销部门的课题应该调整为如何通过小成本试错快速找到新兴、可行的营销方法。

最重要的一点是软件迭代永远没有“终点”。这是因为用户使用习惯、竞争环境、新技术的出现逼着软件必须持续更新版本以适应市场更迭。

在渠道、消费者心智变化如此迅速的今天，从商业模式、媒体选择、选址战略到产品定位，这些方向永远不会有“终点”。营销人员需要不断试错，尝试不同的营销手段，只要发现抢占市场份额的机会，就要毫不犹豫地进行营销调整。

营销部门掌握了数字媒体的数据，即最有价值的消费者数据，因此，营销部门应更多地参与产品研发的过程，基于消费者最直接的数据反馈（不是调查问卷），主导产品研发部门更快交付新的产品价值。

也许你会觉得，消费品和汽车领域的研发周期太长了，而且它们被纳入了全球分工的制造体系，比如一支铅笔的制作需要十多个国家的不同产业链和原材料供应参与，这个过程怎么可能变快?

这样的担忧不无道理，但在中国，这一问题在很大程度上得到了解决。

中国有着全球最完整的供应链体系——众多产业从设计到商业化测试的价值链可以在本土跑完整个闭环。例如，ZARA作为快时尚的鼻祖，一件衣服从设计到交付需要14天，但在中国某些地区，相当一部分服装品牌可以将这个时间压缩到7天甚至更短。这并不只是服务大企业的速度，而是服务所有小微企业的交付速度。

特斯拉在中国上海设厂，仅用了351天，工厂便在一片荒地上拔地而起。因为所有原材料的生产都在本地或者江浙沪地区，特斯拉的上海超级工厂一个星期可以交付3000辆车，是美国同等体量车厂的6倍。

在这个基础之上，生产技术也在不断革新，加之3D打印等技术的发展（美国旧金山的外科医院的3D打印机可以在一个下午内完成伤者的大腿骨自设计到移植的整个流程），我们有什么理由不相信，在不远的未来，传统制造业的产品从需求到开发的速度将逐渐赶上软件行业？我们有什么理由不相信，在中国，一大批新兴品牌因为本土完整的供应链体系带来的“敏捷”基础设施，而成为比联合利华和宝洁更大的消费品巨头、比丰田和福特更伟大的车企？当然，我们同样知道，企业在敏捷营销的转型道路上绝非一马平川，一定会遇到诸多挑战。

甲骨文公司在2019年调研发布《CMO洞察之数字营销敏捷之旅》，指出了企业实现敏捷化转型面临的3大挑战。

- 缺少合适的基础设施。26%的企业表示现有的IT基础设施十分僵化，难以根据营销部门的需求进行调整。
- 缺少组织支持与内部协同。22%的企业表示在实施数字战略的过程中会不断遇到各种文化、组织和领导支持方面的阻碍。

- 欠缺专业人才。营销环境的改变导致对专业营销人员的技能需求也在持续变化，21% 的企业亟需培养内部员工的数字营销技能，或通过顾问、代理外包等手段弥补技术人员缺口。

本书内容

本书分为三篇，覆盖敏捷营销从理论到实践的转型路径。

在第一篇，我们将着重介绍什么是敏捷营销，以及为什么敏捷营销转型对于今天的企业来说迫在眉睫，包括重新理解战略及企业文化的方法。

在第二篇，我们将介绍方法，阐述领先企业如何通过组织架构重组、激励政策、外部采买的营销技术栈等方法激发技术与业务部门的协同力。

在第三篇，我们将学习通过敏捷营销在混乱的市场中获得领先地位的公司案例。

写作本书时，我拜访了国内大量有敏捷营销思维的品牌主、服务公司、咨询公司、新兴的广告公司等，帮助读者更加直观地了解，在中国这个广阔而特殊的市场，内外资企业是如何践行敏捷营销的，以及它们都踩过哪些坑。如果能够为中国的企业主和其服务商转型提供些许洞见或启示，那再好不过。

读者对象及收获

本书为数字化时代渴望在营销上有所突破的营销人员而写，尤其适合以下 3 类需积极拥抱敏捷营销的从业人员：一是营销能力滞后导致增长停滞的民营企业主；二是品牌公司营销部门的工作人员；三是处于职业瓶颈期的传统营销人员。

如果你是营销行业的从业者，敏捷营销的方法论可以在现在的专业基础上重新构建一套能够提高整体营销成功率的营销模式，帮你获得一个更好的职业发展路径。如果你是企业高层，本书会帮助你用敏捷营销的方法重新审视企业现有的组织架构、文化、人才储备、营销技术栈的采买等方面，从而找到营销数字化转型的方法和终局。如果你志在从 0 到 1 建立一个品牌却不知如何开始，本书也可以帮助你通过敏捷的方式构建适用于当今时代的营销模式，帮助你在激烈的消费者争夺战中胜出。

我为何写这本书

正如前文所说，敏捷营销的概念来源于软件研发领域。

我曾在国内著名大数据公司 TalkingData 任咨询顾问，为世界 500 强企业提供大数据营销咨询，包括用大数据解决企业的精准营销、选址等项目。在和不同企业客户合作的过程中，我发现，要评估同一行业内不同企业的营销做得好与不好，很大程度上取决于企业做营销实验的能力——能否在一年中做更多的营销活动、用更加敏捷的方式进行营销实验。

同样是银行信用卡中心，一些银行营销中心能够在一年内完成超过400个大大小小的营销实验，每天新增不止一个营销活动，每年发行新卡超过20种。相比之下，一些银行还停留在一年组织两三次大的、精致且不出错的营销活动，已经超过三年没有发过任何新卡；当一年中仅有的几个营销活动没有取得预期成果时，企业的增长就会受到极大限制。这样的现象还发生在快消品、地产、汽车等行业。

而后，我作为产品负责人，从0到1主导开发了鲸投——一站式广告自动化SaaS平台，旨在通过自动化广告投放环节中的重复和专业性工作，帮助小微企业培养敏捷投放的能力，让小微企业能够撬动流量杠杆，获得精准客户。平台上线不到一年，其市场占有率达到该领域第一。更重要的是，通过提供工具和机器学习算法，我帮助上百个广告主用更加智能的方法，在今日头条、广点通等信息流渠道降低了广告投放成本，提高了整体广告的投资回报率（Return on Investment，ROI）。

在设计鲸投的最初阶段，我们团队其实完全不知道是否会有客户愿意花时间学习、使用、购买这样的产品，所以用两周的时间开发出一个最低成本的产品——自动化发送Excel投放日报的工具，去测试市场的反应。而后，我们基于这个工具积累的种子客户给我们产品的反馈，以1～2周为周期进行迭代。我们确保所开发的功能都是客户真正需要的，而非我们主观臆想出来的。相比同时期启动项目的竞争者，我们团队可以更快速地响应客户的需求，用最短的时间完成交付，从而更有效地打开销路，获得广告自动化市场第一的占有率。

有了营销咨询和敏捷软件研发的交叉经验及对世界领先企业中优秀的敏捷营销案例的观察分析后，我发现传统的营销理论方法失效了，敏捷营销也许是这个多变的时代中能够提升营销成功概率的重要方法。

当然，你无须完全了解技术，也不需要对软件开发有浓厚的兴趣，我会将我在软件研发设计工作中的敏捷实践与行业的先进案例相结合，抽丝剥茧，帮助你打开一扇全新的营销模式大门。

让我们一起拥抱敏捷营销吧！

第一篇

PART 1

理 念 篇

在市场转变的背景下，敏捷营销将不再是选项，而是何时开始、如何开始的问题。

数字化时代，营销敏捷化是企业能够跟上潮流，让自己不掉队的唯一方法。

第一章　营销行业的现状和趋势

企业经营核心的变化

对于营销，人们在不同的时代有着不同的定义，这种不同大约以10年为一个周期产生着。在不同阶段，衡量一家企业竞争优势的标准一直在变化。

以中国市场为例，中国市场在1992—1997年经历了大媒体时代。在那段时间，企业成就常常与“央视标王”这一桂冠构成交集。1995年和1996年豪掷3亿元拿下“央视标王”的爱多VCD的创始人胡志标曾极为简洁地阐述了当时在中国建立品牌是何等“简单”：请最红的明星做广告，投放在最多人看的媒体上。

受媒体的单一性和时代背景的影响，当时消费者具有两个最典型的特点：一个是需求旺盛，另一个是从众。当时老百姓最信任的媒体便是中央电视台。

进入21世纪后，市场营销的硝烟从大媒体飘到了大渠道。2002—

2009 年，占领新渠道的企业成了赢家。其中的代表人物有陈天桥和丁磊，他们把游戏行业的“点卡”成功地铺在了网吧、小卖部等最精准的渠道终端，打通了自身游戏业务的销售通路。即使到了互联网时代的前半程，对大部分品牌来说，互联网带来的变化只是多了一个线上渠道、一个虚拟货架而已。

而我们今天谈论的以消费者为核心是在什么时候出现的呢？答案是当互联网开始以一个经营者的角度进入品牌市场的时候。在中国，第一个用互联网思维做品牌的人叫陈年，他在 2007 年创立了凡客诚品。他以一个经营者的身份跳过了层层经销商，与消费者建立了最直接的联系，基于反馈，快速迭代产品、商城、营销策略，同时急速扩张自己的品类。虽然凡客早已辉煌不再，但其开创的经营模式还在持续影响着后来以经营者身份入场品牌营销领域的互联网从业者们。这样的互联网入局品牌的模式一直到 2015 年才开始爆发，原因是像阿里巴巴、亚马逊这样的互联网渠道商摇身一变，成了一手掌握品牌预算的广告媒体商，他们将这些广告预算投给了自己另一只手紧紧拉着的消费者。

品牌俨然变成电商平台中“走钢丝的人”。同时，平台为品牌提供了极其完备的技术栈，大大降低了新进入者的门槛，一两个人就可以开一家网店，因为平台帮其解决了销售、支付、营销、广告投放等一系列问题，而这些问题过去在大公司至少需要一两百人的团队作为支撑。今天，一家企业的竞争优势不再是其能否影响消费者，或者能否把货铺出去，因为平台已经帮企业解决了这些问题。利用平台提供的经营能力快速迭代产品和与之对应的营销策略，以及通过平台触达消费者，与消费者建立关系，促成复购，能够将以上两点做到极致的企业才有可能在未来商业环境的变迁中立于不败之地。也许你与我一样意识到了其中的问题：当平台赚走了绝大部分收益，同时掌控品牌的两大命脉——营销和消费者时，品牌该如何应对？

营销的“变”与“不变”

商品时代开始以来，营销的重心变化至少经历了以下 3 个阶段（见图 1–1）。

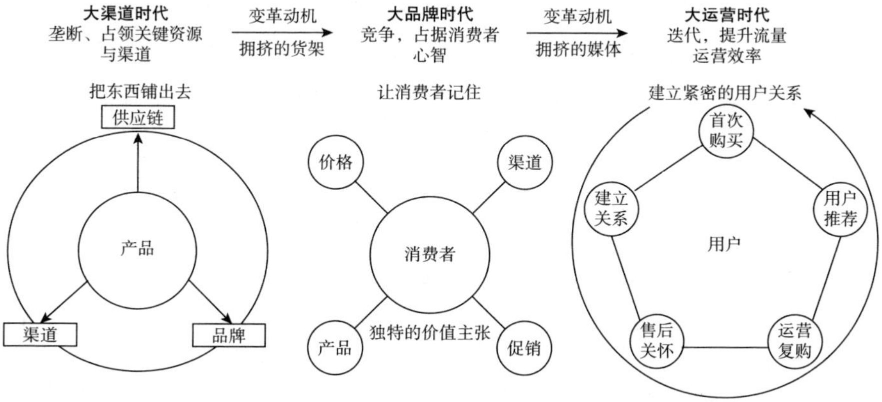

图 1–1　营销的变革：从大渠道到大品牌再到大运营

第一阶段，营销的重心是产品。当物资匮乏时，企业需要做的事情就是尽可能低成本地将产品生产出来，然后把货铺到每家每户楼下的小卖部里，让用户买得到。那时一个产品只需要有基础功能，最后拼的是渠道能力和关键资源，比如产品某项技术的专利。

当更多企业的渠道铺货能力相差无几时，大卖场应运而生，消费者面对的是琳琅满目的商品。货架成为新的战场，企业要想让消费者从几款乃至几十款产品中选择自己的产品，甚至花更高的价格选自己的产品，只有靠品牌。杰克·特劳特（Jack Trout）的定位理论和菲利普·科特勒的 4P 理论为“如何抢占消费者的心智”这一命题提供了理论基础，也就是通过像电视一样的大众媒体，不断宣传产品独特的价值主张，潜移默化地让自己的产品占据消费者的心智高地，目的是吸引那些对自己品牌不了解的“新消费者”。而大众媒体的起投金额、对定位理论的理解和拍摄广告素材的技术，就成了这一阶段企业营销的护城河。

第二阶段，营销的重心是消费者。进入数字媒体时代，消费者每天的时间被分割在大大小小不同的数字媒体中，每个人都有一个独特的媒介——手机。媒体数量的爆发，使更小的企业和品牌也投得起广告了。这时，消费者每天可能要接触成百上千的广告。媒体变得太拥挤，用户比过去任何时候都更难记住一个品牌的价值主张，因此，品牌就需要投入更多资金去影响消费者的购买决策，这导致品牌广告的投放入不敷出。同时，因为消费者的喜好变得更加数字化，企业有可能用更低的成本影响消费者，将消费者以用户的形式运营。

在当今时代，营销已进入第三阶段，营销的重心转变为建立用户关系。

进入第三阶段后，企业推出产品的模式不再是一劳永逸的项目制，而是产品模式。企业与用户建立了联系，同时为了增强用户与企业品牌的黏性，其产品就要不断迭代，以适应用户的需求，用更好、更全的解决方案满足用户的需求。企业需要用运营的思维不断优化自身与用户产生关系的一切触点，包括产品、包装、电商网页等。

如何优化？没有人知道，但是可以用敏捷的方式快速试错。只要试错成本比别人低，就有可能完成更多的实验、获得更多的反馈，从而在不确定的市场中取得先机。

传统的营销以产品为中心，将大量营销预算花费在无法看到投入产出比的广告投放上，忽视消费者对产品的反馈，最终将市场占有率降低的责任归咎于产品不够好。新时期的营销则更关注消费者，试图用更低的成本去触达而不只是影响他们，获得他们对产品和服务的反馈，通过尽可能快速的迭代手段向消费者持续交付长期价值。

虽然企业的焦点因时代而变，但是营销的本质并没有太大变化。营销之父菲利普·科特勒的著作《营销管理》是营销学经典教科书，虽然从 1967 年出版至今经过了 14 次改版，但其中关于营销本质的定义和公式从来没有变过。变化的无外乎上层的营销之“术”，比如将从 4P 到 4C 的理念变化作为分析营销领域的竞争优势，这一变化的产生是因为消费者、技术的变化导致营销人工作的重心发生了变化。我们坚信，今天，营销的“术”已经不仅仅是以消费者为中心、追求影响消费者，更是与消费者建立更加紧密的关系，通过运营消费者关系谋求发展和成功。

正如杰弗里·米勒（Geoffrey Miller）在《超市里的原始人》一书中提到的观点，对营销人来说，完全理性的消费是最可怕的，因为这代表所有消费者都只会为商品本身的价值付费。而对日用品来说，这就是噩梦。

依云矿泉水、玛莎拉蒂跑车等“商品”的成功，印证了人不管在什么时代都是感性的，会为了产品本身之外的价值付费。

人们希望从商品中获得社会地位和美好的体验，为此，愿意付出更多的钱。因为对营销人来说，特别是奢侈品，企业销售的是梦想，顾客购买产品时并不需要理性原因来自我辩解。

有观点认为，奢侈品营销不需要建立在市场分析的基础上，因为奢侈品市场不存在限制或饱和，也不存在像手机一样的普及率。奢侈品消费者永远不会有足够多的奢侈品包，他们永远不会拒绝尝试新的衣服、鞋子、腰带等。

即使再过 500 年，营销人也要时刻记住，你始终在与以下几类人打交道。

- 例外论：认为自己是特别的，只有同样优秀的人才能理解自己。
- 专享感：期望得到特别对待，希望自己能够随心所欲。
- 寻求赞美：需要格外的瞩目、肯定、赞美和尊重。
- 幻想成功：对成功、权力、荣誉、美丽或理想爱情有无限执念。
- 夸张：夸大自己的才能、成就和地位。
- 压抑：无法享受简单的快乐。

相比之前大媒体投放、广铺渠道的时代，现在营销工作越来越难做了。原因在于，市场中的消费者、媒体、技术等对营销至关重要的因素都发生了十倍速以上的变化。

在《只有偏执狂才能生存》一书中，英特尔前总裁安迪·格鲁夫（Andy Grove）提到，绝大多数的战略转折点都伴随一个影响其产生某个因素的十倍速变化。当声音技术在电影业得到普及时，每一位无声电影演员都亲身经历了十倍速的技术革新；智能手机的出现，对非智能手机而言，不管是运算速度还是可用性，都带来了十倍速的变化。

所谓颠覆传统，实质上就是新的挑战者通过新技术或新模式，与市场中的现有竞争者拉开了10倍甚至更大的差距。

这个差距让过去在该领域中的佼佼者先是瞠目结舌，而后悲叹万分。

将分散的消费者引导到最有价值的生命周期上

美国贝恩公司的一项调查显示，在商业社会中，5%的客户留存率增长意味着公司利润30%的增幅，而把产品卖给老客户的概率是卖给新客户的3倍。

通过构建敏捷营销团队，企业领导者听到的营销部门汇报，将不再是“去年我们花费了2000万美元的预算在3个年度营销活动上，让全国4亿人看到了我们的广告，根据尼尔森公司的数据报告，我们的品牌从行业第100名上升到了第99名……”，而转变为“去年我们花费了2000万美元的预算，为公司带来10万个高价值客户；基于我们对客户价值的判断，单一客户的生命周期价值是1000美元，这一营销预算的投入产出比是1∶5；今年我将通过对某一运营流程的优化，使用户的复购率提升20%，将客户生命周期价值增加至1200美元”。

这个想法对于很多公司，尤其是快消公司来说不值一提。比如对于绿箭这样的品牌，几乎所有的收入都来自只购买过一两次的消费者。如果你告诉你的朋友，你的工作是运营“口香糖用户”，可能会让别人笑掉大牙，因为你根本无法从分销商处拿到购买过口香糖的用户的任何信息，更别说识别你的用户了。

但是，事实真的如此吗？

首先是收入结构的改变。有数据显示，联合利华的营收来源已经发生了转变。在 2017 年收购 Shaving Club 以后，联合利华的收入构成已经从 80% 以上来源于只购买过一两次的用户转变为复购消费者，即会员，这也体现了重要的营销理论——长尾理论在当今时代的非凡价值（见图 1-2）。

在可见的未来，联合利华和宝洁这些大品牌将通过不懈地构建与消费者沟通的桥梁——不管是通过收购兼并的手段，还是分裂子公司的方式，逐步调整自己的收入结构，对老客户进行交叉销售。

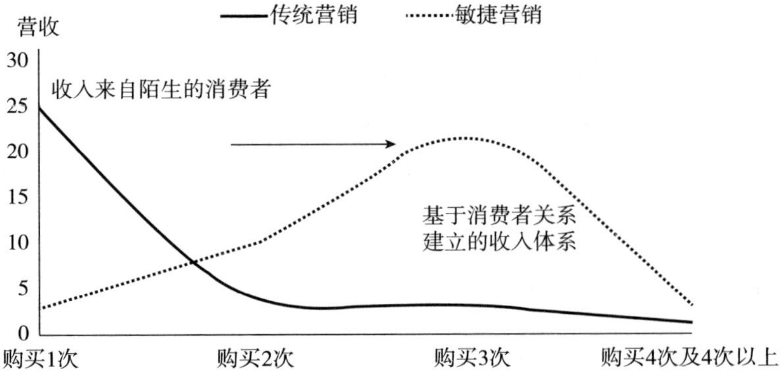

图 1-2　长尾理论：营收来源的变迁

其次，消费者渴求与品牌产生双向交流。与口香糖的营销策略几乎一样，都是在收银台陈列、购物决策周期极短的两性健康品牌杜蕾斯却有不一样的营销策略。

关于杜蕾斯的品牌文案自不必说，几乎每一次热点事件，杜蕾斯都会通过文案为其微博和公众号收获大量关注。在 2019 年 9 月，杜蕾斯的微博粉丝数量是 313 万，而 2016 年时，粉丝数量不过此时的一半。而 2021 年，杜蕾斯的粉丝数量达到了 317 万，其中国市场的主要竞争对手杰士邦只有 34 万粉丝，冈本只有 17 万粉丝。有了好的品牌关注基础，敏捷营销人员需要深入考虑的是如何将这些用户向商铺导流。最简单的办法当然是让这些粉丝在登录杜蕾斯的微博首页时可以直接通过链接进入京东或天猫的旗舰店，为其销售进行导流。

不管是快消品公司的客户关系管理（Customer Relationship Management，CRM）系统，还是互联网公司的用户运营体系，其本质都是通过对现有用户的运营，提高消费者的生命周期价值。这个用户的定义不仅限于与品牌进行过交易的消费者，更包括对品牌广告感兴趣的路人——品牌微博账号上的粉丝、导购微信群中的用户、买过产品后又流失的“前任”。敏捷营销人员最主要的工作职责就是把这些分散在各处的“客人”引导至对品牌最有价值的生命周期上，即实现交易和复购。

与消费者双向交流的意义在于，品牌与消费者的关系不再是品牌方一厢情愿地揣摩消费者的心理，而是当销量下滑时，品牌方可以直接问消费者：“你不喜欢这个产品的什么地方？”相比过去高高在上的抽样调研，消费者更愿意与平视他们的品牌说真话，品牌得到的反馈会更加真实，这些反馈可以直接影响产品的设计研发。

这一环节的设立将从部分已经有数据基础的大型品牌主开始。在第一阶段，这些品牌主有 3 个特点：一是用户生命周期价值明显，比如母婴行业企业在孕前期、孕中期、孕晚期到宝贝 2 岁之前的每一个阶段都会有特定的触达策略和对应产品；二是自有门店或分销渠道，比如金融、旅游、内容、教育等行业或者美宝莲、丝芙兰和屈臣氏；三是产品为高频消费品，也就是有交叉营销或向上销售的需求，汽车和房产基本可以被排除在外，比如福特汽车维持的 7 万美元的用户生命周期价值已经近 5 年没有显著增长了。

触达更多细分客户群体

> 市场营销领导者们将持续利用技术的力量来建设更加人性化的品牌。
>
> ——塔玛拉·麦卡利（Tamara McCleary）
>
> 著名社交媒体分析和咨询机构 Thulium 首席执行官

过去，一家企业花 1 ～ 2 年研制一个产品，用技术驱动专利，通过一个独特的定位卖点打动大众市场；如今的市场要求企业一年测试 10 ～ 200 个产品，通过对产品进行大批量市场测试，构建满足消费者的营销模式。

关于市场营销，经历了拜伦·夏普（Byron Sharp）教授提出的“非传统营销为王”（营销 1.0 时代）到“以人为本”（Human-Centric）（营销 2.0 时代），以及盖洛普（Gallup）博士的营销 3.0 时代。过去，衡量品牌价值的关键在于其如何快速、低成本地生产出大众需要的产品；如今，衡量一个品牌的价值在于如何让品牌吸引更多体验愉快的消费者。

过去的营销理论基于以下 3 类：渗透率（Penetration）、被想得起（Mental Availability）、买得到（Physical Availability）。

基于以上三者相乘就是市场占有率这一认知，过去品牌主的战略是争取做大品牌，面对的客户数量越多越好。为了使自己的产品在区域代理商中更受欢迎，品牌主会尽量使用受众范围广的媒体，这样才能被更多的消费者在做购买决策时第一个想到；产品要进入大渠道，这样消费者在想起该产品时才买得到。

在未来的 10 年内，“95 后”“00 后”将成为消费的主力军。在美国，该群体被称为 Z 世代。这是一群从出生开始就接触信息科技的互联网原住民，成长环境中不再有“资源匮乏”的概念。因为愈加成熟的产品供应链体系让“生产某个产品满足一个没有被满足的需求”这件事本身不具有太大的竞争性，这导致 Z 世代在做购物决策时相对来说更加任性。

过去，一款去屑的洗发水几乎可以触达所有人群，让几乎所有家庭购买。但是今天，品牌面对的是更加任性的消费者家庭，这个家庭里的每一个人都希望有一款洗发水能够满足自己的独特诉求：爸爸也许需要防脱发，妈妈需要持久芳香，宝宝需要温和不刺激，爷爷奶奶需要中药配方，甚至宠物都需要一款能够让毛发更加顺滑的洗护用品。这种现象不只存在于洗护类产品，夸张地说，甚至存在于所有消费品之中。

著名数据调研及咨询公司尼尔森（Nielsen）的一项数据表明，在千禧年之前，市场上排名前 5 的品牌市场占有率大概在 50%，而今天只有 27% 了。因为对新世代的消费者来说，大品牌战略失效了。这造成的结果是，市场中的新兴品牌可以通过一个细分品类快速吸引没有被满足的消费者，但是每一个品牌都做不大，市场上很难再出现一款能够满足所有消费者需求的产品。面对这样的窘境，品牌能做的不是专注于一个产品，而是构建一套能够在新产品被投放到市场时获得反馈并快速迭代的敏捷营销机制，快速发展多个品牌。

消费者需要品牌更好地满足自己的诉求、更快地调整服务方式。

在 21 世纪的商业竞争中，纯粹地抄袭产品或借鉴营销模式、渠道的“战略”打法会慢慢失效。当企业发现行业中有一个新兴品牌崛起或既有的竞争者突然爆发式增长时，企业管理层需要分析的应该是如何围绕消费者的需求更快地进行营销和产品迭代，分析的维度应该从产品抄袭和渠道模式借鉴转变成分析这家企业的组织架构如此扁平、营销人员的决策如此敏捷、营销技术栈对消费者的刻画如此深刻、产品迭代速度如此快的原因，也就是从研究产品和营销活动转而探寻其背后的系统。

更细分的消费者群体也代表今后的市场不会存在一家独大的现象。一个矿泉水品牌很大概率会基于以下 3 点分裂出无数子品牌。

第一，消费场景。

我们最常见的喝水场景，无外乎渴了以后在便利店货架上随便拿一瓶水完成购买，但是新的消费场景也许与喝水毫无关联。谁说矿泉水一定要用来喝？一些品牌通过将矿泉水或与矿泉水成分无异的产品包装为“保湿喷雾”，从而成功打入了保养化妆品这一消费场景。

第二，价格。

Glaceau 的聪明水（Smart Water）是韩国一个初创品牌，每瓶水售价为 1.39 美元。该品牌称自己的水来自法国的阿尔卑斯山，它的名字也听起来像来自阿尔卑斯山的“万能变聪明药”。这让它能够比同等体积的自来水卖出贵几十倍的价格。愿意消费这样的矿泉水的消费者显然没有普通矿泉水的消费者多，但这并不影响它的估值。后来，可口可乐公司用 41 亿美元的价格完成了对 Glaceau 的收购，就是因为这个品牌有可口可乐触达不到的细分客户群体。

第三，消费群体。

矿泉水本身就是一种可以供所有消费者消费的产品，但是如果通过喝水这个场景挖掘妈妈对冲泡婴幼儿奶粉用水的水质要求，也可以衍生出一个品牌来。比如 27000 矿泉水主打来自新西兰无污染水源的母婴水，宣传其更适合用来为较小月龄的婴儿冲服奶粉，将矿泉水这一普通的产品卖出了更高的价格。

上述细分的消费群体，在庞大的市场中仍显得微不足道，因此，一个消费品集团如果不能用一个单品打天下，那么集团就应该构建一个敏捷营销体系，快速构建多产品线，帮助每个子品牌快速迭代产品和营销模式的底层技术、架构，并进行人才培养。我们会在后面的章节介绍传统的世界 500 强企业如何通过敏捷营销体系快速孵化和赋能集团子品牌。

搭建营销技术栈实现正向循环

营销技术栈的成熟可以让过去需要 10 个人协作完成的营销活动缩减到 1 个人即可完成，店铺运营、广告投放、消费者运营等一切与营销相关的活动都可以以极低的成本快速地试错。后文会详细介绍一个完备的营销技术栈能够让营销的试错成本降至多低。

营销技术栈的成熟有赖于大数据技术的发展和软件产业的革新，而“AI+ 营销”的有效实践更是让具有前瞻视野的营销人员对营销技术投入了极大的热情。

营销技术的成熟有以下 4 个技术基础：

（1）更快的大数据处理能力；

（2）大规模机器学习模型在商业领域中应用并且取得成功；

（3）可扩展性更高的算法推动了云计算的成熟，使企业原本极重的技术架构获得更强的拓展性；

（4）营销技术相关软件的成熟。

这 4 个技术环环相扣，都参与了这一正向循环。这为营销技术栈（不管是数据的处理还是营销的应用软件）都带来了十倍速变化。就像智能手机之于传统手机，虽然都是通信工具，但智能手机的操作更加智能。便捷式操作的产品对营销人员工作流程的重构是前所未有的。斯科特·布林克尔在接受采访的时候讲道：“以这个发展速度，我相信在可预见的未来，营销技术的应用对于营销人员来说会像 Word 和 Excel 一样平常和必不可少。”我们会在后面的章节重点介绍营销技术的具体应用场景及最佳实践案例。

营销技术的发展让营销人员无须了解技术，也能像脸书（Facebook）的产品经理一样敏捷地将业务迭代优化落地。就像你不需要知道发动机如何运转，但也能做一个司机一样。同时，营销技术为营销人员的效率提升发挥了作用，让“市场营销”对于预算只有几万元、几十万元的企业来说也不再那么遥不可及。

营销活动这个听起来耗时、耗钱的活动，过去是由代理商和大量市场营销人员负责的，以后大部分将由营销技术栈自动完成，营销人员需要做的只是点几下鼠标，配置调整的策略，让机器完成余下的营销执行工作。正如斯科特·布林克尔在采访中说到的：“营销技术将前所未有地改变我们的工作方式，营销人员使用起来将更加顺手。”基于我在银行信用卡中心的项目经验，通过营销技术栈的搭建（客户数据平台 CDP + 内容管理系统 CMS），在不增加劳动力的基础上，银行 1 年开展的营销活动可以从 60 个变为 200 个。虽然事实是每次活动的效果和转化率不会有显著的提高，但因为样本基数变得足够大，我们发现最后成功的营销活动数量令人惊喜。

新型信息流驱动传统变革

4A 公司的全称是 The American Association of Advertising Agencies，即美国广告代理商协会，是广告行业对一家企业的广告服务能力的最高认证。目前全球有 5 家顶级的 4A 集团：宏盟集团（Omnicom）、WPP 集团、阳狮集团（Publicis Groupe）、哈瓦斯集团（Havas）、电通集团（Dentsu Group），一共占有全球广告市场近 60% 的市场份额。

曾经在美国纽约麦迪逊大道坐拥顶层景观、俯瞰纽约全景的广告公司中的创意天才们的日子开始不好过了。首先，大客户开始抱怨他们的服务费收成百分比。过去 4A 公司赖以生存的信息差和资源整合能力优势在今日互联网发展的大潮下几乎荡然无存。4A 公司的利润源于客户和媒体的信息差，信息差越大，4A 公司在弥补信息差上的价值越大。过去，杂志和电视等传统媒体资源缺乏科学、可量化的定价体系，一份杂志的封面能给广告主带来多少曝光和收入增长鲜为人知，4A 公司的媒体资源整合能力、拍摄视频的技术能力、客户服务的经验在弥补信息差方面起到了很大的作用。

越来越多的国际大品牌开始削减广告代理商的新闻也验证了这一推断。2017 年，联合利华开始与超过半数的创意广告代理商解约，并希望在未来的 3 年里，在品牌与营销支出上节省 20 亿欧元。而 2020 年年初联合利华公布的财报显示，2017—2019 年，集团的营收增长率没有太大变化，维持在 3% 左右，而每股收益等利润指标却有明显提高，这不禁令人怀疑这些麦迪逊大道的创意鬼才们对品牌企业的贡献。2020

年 2 月初，卡夫亨氏公司首席执行官傅玫凯（Miguel Patricio）在最近的财报电话会议上对分析师说，为了让业务好转，卡夫亨氏今年计划将合作的广告代理机构的数量削减一半，同时将面向消费者的营销力度增强（提高媒体花费）30%。

谷歌收购 Double Click，将广告投放这件事从一定需要代理商介入变成可以自助操作，广告投放的门槛也降低了很多。也是从那个时候开始，5 年后，广告在美国 GDP 中的占比也从 0.6% 增加到了 2%。因为有很多过去 4A 无法服务的广告主可以自主地投放广告了。技术带来的十倍速增长还体现在创意制作上。过去一条广告创意背后可能是数十个代理商夜以继日的比稿和制作，专业的导演剪辑和技术能力是其护城河；但在今天，在每个人都可以用智能手机拍摄和制作视频的年代，也许一个素人剪出来的视频远不及 4A 的创意总监设计得精巧，但是当传播量级是之前的十万甚至百万倍的时候，效果不言而喻。

广告公司并没有做错什么，简单来说，只是过去用一条视频在各电视台换增长的商业模式行不通了。

营销模式的革新，第一步便要通过削减广告预算达成。不管是特斯拉用高流量直营门店取代传统车企的分销模式、贝宝早期通过亏钱补贴获取用户，还是当前大行其道的“私域流量”，都是希望通过削减广告成本吸引消费者的注意，促进销售。

包括可口可乐、联合利华、巴黎欧莱雅、一汽大众在内的大型广告主近几年在广告投放上的想法有了很大的变化。它们需要更加长远、可持续的营销战略，说得直白一点，它们希望用更少的钱获得更多的营销线索和消费者购买。根据高德纳咨询公司 2019 年的首席营销官支出调查，广告主在代理商上的花费已经连续四年减少，代理商的数量不降反增，每个代理商分摊到的利润也不可避免地在减少。如图 1–3 所示，以中国较大的几家广告公司为例，2017—2019 年上半年的营业收入增长在逐年减少。

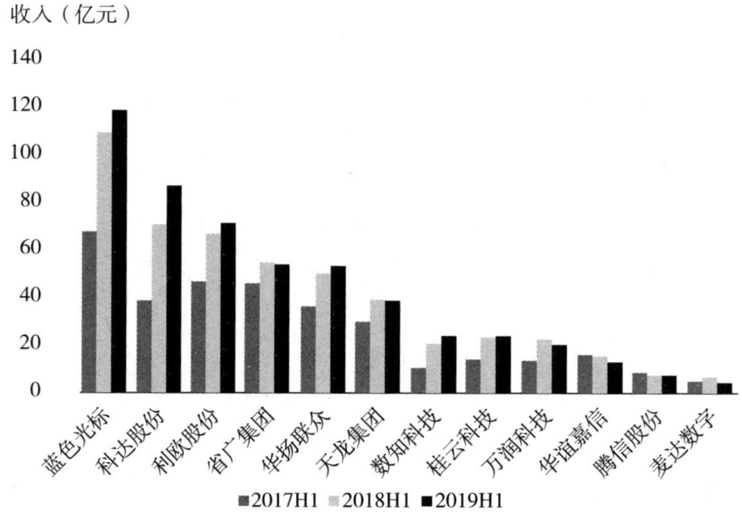

图 1–3　2017H1-2019H1 营业收入增长情况

资料来源：广证恒生《从 2019 年半年报看数字营销行业转型趋势》

至于留下来的传统 4A 公司，抱怨最多的应该是客户每天追在后面要销售线索和销售转化。过去以地区营销额或纯粹以曝光量和不知道应该归因给谁的收入增长衡量广告价值的时代已然过去，品牌广告将朝着品效合一的方向前行。以大众汽车来说，其考核 4A 公司的指标已经从每千次曝光到每销售线索成本，并且在可预见的未来，将变成每合格销售线索成本。

几乎每一本与广告相关的图书都不能免俗地提到一句话：“我知道我的广告费用有一半被浪费了，但要命的是，我不知道是哪一半。”不一样的是，过去这句话是广告主说的，如今这句话恐怕要从无奈的代理商口中说出。

这一转变显然不是因为市场营销对于品牌和互联网公司不再重要，而是企业对市场营销职责的看法发生了根本性转变。营销战略的核心是市场驱动型战略。纯粹使广告触达目标客户已经不足以满足公司对市场营销的定位了。市场营销应该从一个花钱的部门转型成为一个业绩增长部门，首席营销官应该从“首席花钱官”的角色脱离，对公司的业绩增长负责。

另外，越来越多的线上广告也开始对传统广告代理公司造成威胁。目前国际广告市场 58.6% 的份额被谷歌和脸书这两家公司占据，这意味着它们掌握了近 60% 的广告主数据。这些数据几乎不对外开放，传统广告行业的洞察力因此受到了很大影响，此外，在新的广告市场格局下，广告主可以绕过广告代理公司，直接和广告投放平台谈合作，谷歌和脸书甚至组建了专门接洽广告主的团队，帮后者做一些广告策划、创意方面的工作。对传统的 4A 公司来说，新型信息流媒体，比如巨量引擎和腾讯广告带来的就是十倍速变化，不管是对竞争者、创意、竞价环境、起投金额，还是对广告优化等一系列广告投放和创意制作的核心业务来说，都带来了巨大的变化。

总结起来，当今广告行业有以下 6 个特点：

- 投放媒体广告位的获利效果已被程序化广告大大削弱；
- 市场营销的范围急剧扩大，且变得更加复杂；
- 客户趋向将软件驱动的市场营销能力业务化、内部化；
- 营销技术供应商与代理竞争更多的营销预算；
- 为了支持客户，代理公司必须成为营销技术专家；
- 技术和管理咨询公司愈加渴望获得首席营销官的关注。

本书不再展开讨论 4A 公司面临的挑战，但是我们必须意识到，广告主对这些曾经最亲密的合作伙伴的要求已经发生了天翻地覆的改变，它们的诉求不再只是媒介的采买和创意的设计，而是能够帮助它们以更低的成本触达消费者，一起管理消费者旅程，为每一个转化节点提出改进建议并协助执行，甚至梳理一方的数据库中的数据，即通过梳理流程及数据、搭建报表、制定指标体系等一系列更加靠近营销漏斗后半段的营销活动，使营销部门变得更敏捷，能够更快地响应消费者的需求。

第二章　敏捷营销的含义

从软件研发行业获得的启示

在前一章中，我们揭示了营销领域发生的十倍速变化，因为消费者处于数字化程度更高的媒体和渠道中，渴求个性化的产品解决方案，同时，广告技术的变革重新定义了触达并影响消费者的方式和方法，代理商的重新定义也让创意和媒介投放的协同有了新的意义。当市场不以个人主观意志改变时，自上而下的从营销战略到执行的方法显然已经不适用了，因为当你花费 3 个月策划一场营销活动、再花 3 个月通过比稿选择代理商、用半年的时间反复修改创意、最后将这个完美的创意交给媒介、投放代理后的广告活动失败时，你将处于完全被动的地位。

有什么办法呢？我们可以从软件行业自身的变革中窥见营销领域在敏捷实践上可能的发展趋势，并且从中获得启示。软件行业也经历了从“传统”向“敏捷”的变革。

在 2005 年之前，大多数软件研发模式都是“瀑布方法”，即在产品研发的初始环节便确定了产品的终极形态。而后，项目经理会将所有功能规划成多个阶段，每个阶段都要经过严格的自上而下的研发资源分配，而后开始埋头苦干，进行长达 1 ~ 2 年的闭门开发。这种软件研发模式进度缓慢，具有高度的不确定性，而且往往在投入了千万预算和大量的人力后，才发现产品研发部门制造出的产品毫无市场可言。

这种预先开发、细化管理的软件研发模式暴露了很大的弊端。我参与或见证了多个传统的“大型 IT 研发项目”的失败，一些项目的立项基于高德纳咨询公司对产品技术领域十分模糊的预测，而后企业会组建 30 ~ 100 人的技术产品团队，开始“闭门造车”，期间也许会用问卷的形式对潜在客户做一些产品方向上的调研，但是大部分产品功能都是主观臆想出来的。

一个庞大的产品技术团队投入大量的时间、资金后发现研发的产品根本无法落地，因为大部分的产品功能根本不是客户需要的，或者缺乏核心功能。被这样的 IT 研发项目拖垮的软件公司不计其数。抛开公司倒闭会造成的经济损失不谈，这样的研发方式本身就是对工程师资源的极大浪费。

杰夫·萨瑟兰（Jeff Sutherland）和肯·施瓦布（Ken Schwab）在 1993 年提出的软件开发方法——敏捷研发，大大改善了传统 IT 行业面临的窘境。这种方法强调对市场需求变革的敏捷适应，具有自我修正的能力。其方法源自日本丰田生产系统和 OODA 循环[①]理论。

① 也称包以德循环，基本观点是可以将武装冲突看作敌对双方互相较量谁能更快、更好地完成“观察—调整—决策—行动”的循环程序。——编者注

一位程序员在 1986 年的《哈佛商业评论》上发现了一篇题为“新产品开发新游戏”的文章，作者是竹内弘高和野中郁次郎[①]。他们发现最出色的公司，包括本田、富士、施乐、3M、惠普等，把传统的瀑布式开发方法改进成了更快、更有弹性的迭代方式。这种迭代方式强调跨部门、多功能，团队享有更大的自主权。团队会设立一个超越一切的目标，而管理人员不会对软件工程师和产品经理大吼大叫，他们担任的是“仆人”的职位，帮助团队成员扫除一切障碍。丰田一开始在产品研发和制造上使用这一方法，这一方法帮助它获得更高的市场占有率；这一方法在 8 年后也被杰夫·萨瑟兰和肯·施瓦布纳入软件研发领域，在随后的研发工作中，使研发部门的工作效率提高了 3 ~ 4 倍，优秀的团队效率提升甚至可以达到 8 倍。

敏捷的产品迭代模式的基础是 PDCA 循环，即计划（Plan）、执行（Do）、检查（Check）、行动（Action），并通过看板等敏捷迭代工具加速 PDCA 的产品迭代流程。

脸书公司从成立之初便在“敏捷”这个词之上发力，而敏捷也使脸书的市值飙升到了 6000 多亿美元（2020 年 1 月数据）。

对于脸书来说，敏捷就是先用最短的时间开发出一款“最小可行性产品”，接受用户的抱怨，获取用户的反馈，再用最敏捷的方式快速迭代。

曾经，脸书向几亿用户推出一系列新功能，包括时间轴、推荐和音乐功能。推出的新功能获得了用户的大规模超常规响应，这导致服务器

① 野中郁次郎的知识管理系列已由人民邮电出版社出版。

瘫痪，也造成大量用户流失。

这次服务器瘫痪后，脸书对产品进行了重新评估和调整，此后，脸书采取灰度测试的方法。新功能发布之前，脸书会将上线的新功能随机分配给 0.5% ~ 5% 的用户，而这一小部分用户针对这一新功能的使用反馈可以很快通过行为数据和留存率情况等指标反映出来。而脸书要做的就是保留那些用户喜欢的功能，快速摒弃那些导致核心指标下降的功能。亚马逊一年要做超过一万个敏捷的拆分测试；谷歌的测试则多达十万个；而当一个用户访问脸书时，会发现自己置身于至少 10 个不同的拆分测试中。

当然，营销人员看到这里可能会觉得："真不凑巧，我们公司不是做社交网络的，而且我们公司根本没有那样强大的技术团队，就算你说的都对，软件开发中的软件迭代与我们营销有什么关系？"

受到软件行业敏捷革命的启发，营销领域的敏捷化可以归结为以下几点。敏捷营销需要在组织架构上适应高频率的营销实验，即需要组建营销小组，同时公司的角色会从决策机构转变为营销支持平台，具体的转变我们会在第四章详细描述。营销小队自发地上线新的营销活动，并且通过数据指标的监控每天对多个并行的营销活动进行调整、迭代。

根据著名的敏捷营销咨询和报告机构 AgileSherpas 的数据，在它调研的 5000 余家产品营销企业中，98% 称其通过敏捷营销取得了一定的成功。因为它们能够通过敏捷营销完成以下动作。

- 第一时间响应市场的变化；

- 将一个耗时长的营销活动拆解成更小、可持续迭代的营销实验；
- 相信数据的反馈，而不是人的主观观点；
- 用实验快速印证假设，而不是沉迷于不确定性中；
- 跨部门的协作和信息极度透明，减少部门之间的推诿；
- 强调自驱力，而不是层级和系统流程。

敏捷营销的核心是迭代

亚马逊在上线之初每年更新书架 150 余次，相比之下，当时的图书业垄断巨头巴诺书店一年更新不过三四次。

特斯拉使用空中下载技术[①]在一年中从用户体验到电池功效对 Model 系列车型更新 8 次，而传统车企需要 3 年以上才会对一款车型进行迭代升级。

自 2016 年 12 月成立，便利蜂 2018 年已经在北京、上海、天津、南京等地开了 200 多家店铺，而 7-11 花了 14 年才在北京开了不到 200 家店。

招商银行信用卡中心一年执行超过 200 个营销活动，相比之下，2018 年前，其他银行的信用卡中心一年的营销活动不超过 5 个，同时，在其他银行信用卡的业务指标还是利差或利润时，招商银行创新性地提出了采用以用户为中心的北极星指标考查每月活跃用户数，基于这一指

① 英文全称 Over-the-Air Technology，简称 OTA，是通过移动通信的空中接口实现对移动终端设备及 SIM 卡数据进行远程管理的技术。——编者注

标不断改进产品端的用户体验，这些举措也为招商银行的营销活动顺利开展奠定了基础。

欧莱雅位于巴黎郊区的拉西尼工厂也在通过计算机管理下的敏捷生产线进行生产。这种敏捷生产线的特点是高度灵活，可以满足不同产品小批量生产之间的快速切换。目前，这条生产线可以在 20 多种不同的产品形式中完成切换，比如从生产某口红切换到生产另一个产品只需 20 分钟。

在营销语境中，敏捷意味着运用数据和分析能力不断挖掘新的市场机会，发现市场问题的解决方案，并快速地测试，获得结果，再快速迭代。一个具有自我激励和有协同力的敏捷营销团队每年可以完成上百种营销活动的上线和迭代，同时还可以参与生命周期运营、产品优化等更多需要创造力的工作。但是这些都不是最重要的，最重要的是，在数字化时代，营销敏捷化是企业营销能够跟上潮流、让自己不掉队的唯一方法。比如你是某淘宝店卖家，发现某个垂直类的商品卖得特别好，半年之内，你的竞争对手会马上上架一模一样的商品，为了竞争，这个产品流量入口的竞价越来越激烈，你必须把大部分资金投入淘宝直通车[①]以获得更高的排名，但这样做也许能够维持营业额，但利润会越来越低了。在今天这个竞争数据趋于透明的时代，已经不再有一款产品能够支持一家企业像过去一样持续地盈利了，取而代之的模式是快速拓展产品线，抢在竞争对手之前上市测试，获取反馈，率先完成产品迭代。

营销不再用时间框架去评判两家企业在市场占有率上的输赢。如

① 专为淘宝和天猫卖家设计的按点击付费的效果营销工具。——编者注

果说传统营销是一个通过不断投放广告吸引消费者注意的运动，那么敏捷营销更像一场没有终点的无限游戏，比拼的不是谁的项目能够最终获得成功，而是谁能够聚集一群“不离不弃”的消费者，并不断通过产品迭代和服务满足他们。在这个时代，企业不仅要有除“打败竞争者”之外更高的愿景，更要专注于为消费者提供更好的生活方式。正如前文所述，顾客关系将是企业最核心的竞争力。

敏捷营销的核心在于以最快的速度获取数据，产生具有业务价值的洞见，并快速测试，从测试数据中产生新一轮的洞见，然后进入基于数据决策的正向循环。有很多企业仅凭知晓测试和优化的敏捷原则、有 1 ~ 2 个能够帮助营销人员提效的软件，便声称自己已经足够敏捷。需要注意的是，敏捷营销成功的关键在于将企业文化、组织架构调整、人员培养、营销技术栈的选择与搭建、对代理商的重新审视，渗透到企业骨髓中的变革。

敏捷营销的意义

营销革新的原动力是用更低的成本触达消费者。

在数字化时代，包括广告、电商、线下门店在内的一切触达消费者的方式不仅有宣传品牌的功能，还可以收集消费者最直接的反馈，在获得转化的同时，帮助广告主在更短的时间内评估每个营销活动的效果。同时，度过红利期后，媒体营销活动的成本会不可避免地升高，挤压企业的利润空间，企业需要在已有的营销模式验证可行后，不断寻找新的流量洼地和营销模式，运用敏捷营销的方式，实现营销目的。

拼多多在流量红利已经消失殆尽的年代，通过社交裂变的方式，让获客成本骤然降至竞争对手的1/4，用更高效的获客方式将众多电商构筑的围城撕开了一条巨大的口子，并在2019年（其成立5周年之际）交易市值达到1万亿元，而淘宝用了19年才完成这个目标。而后，社交裂变的方式又被应用在不同的行业，比如瑞幸咖啡通过在朋友圈投放广告搭配社交裂变（送好友一杯咖啡）将用户导流至App流量池，并通过用户运营的方式刺激复购。不论最后成功与否，它获客和触达成本更低的营销模式，都对星巴克造成了冲击。打败星巴克的永远不会是第二个星巴克，而是触达成本更低、营销模式更为先进的一种商业模式。我们相信在咖啡这个品类中，会有源源不断的新品牌用敏捷营销的思路对已有品牌发起挑战，前提是它能够用更低的成本与消费者建立关系。

不管是拼多多还是瑞幸咖啡，这些公司营销模式的成功背后都是无数次失败的、不为人知的实验。优秀的营销人员将营销模式的创新当作一个产品，而不是一个一劳永逸的项目，他们通过不断迭代，最终“尝试”出了革命性的营销模式。

智明星通首席执行官唐彬森创造了风靡一时的小游戏“开心农场”，而后跨界成功，将元气森林汽水打入快消品市场，成为众所周知的饮料品牌。唐彬森的成功也呼应了一句话：“在没有规律的世界里，最有效的方法是快速试错。”

这是一个迅速变化的时代，没有人能够知道明天会发生什么，可取的方式就是收集信息、做出假设、快速试错。

对大部分企业来说，传统的营销不是一种可以轻易触达消费者的方式，人们时间的分散也导致大企业无法通过垄断主流媒体的方式触达消费者，一直占据消费者心理的制高点。信息流广告、电商关键词、搜索引擎优化等数字媒体的初始成本是每家企业都可以承受的。也许你已经很难回忆起上次一家人坐在一台大电视前看电视节目是什么时候了，人们的时间和精力被分散在大大小小的手机应用上，因而媒体也是分散和割裂的——有娱乐、有小说、有社交。

在大家都能获取相同的客户反馈时，奠定一家企业的竞争优势的唯一模式，是能够先于所有竞争者对消费者未满足的需求进行响应。

这种高层次的快，或者说“敏捷”，就是真正的有效传播密码。

没有人知道消费者的心智到底会如何变化，唯一的应对方式就是用更快的产品迭代满足消费者变化无常的需求，用更高频率的营销活动探索更低成本触达更多消费者的渠道和媒体。

敏捷营销的适用场景

里德·霍夫曼（Reid Hoffman）在他的《闪电式扩张》一书中提到企业规模扩大的 5 个发展阶段。

- 第一阶段（家庭）：1 ~ 9 名员工；
- 第二阶段（部落）：数十名员工；
- 第三阶段（村庄）：数百名员工；

- 第四阶段（城市）：数千名员工；
- 第五阶段（国家）：数万名员工。

微小组织需要通过敏捷营销的试错收获商业模式革新的势能，以此超越比它们拥有更多的资金、渠道、市场占有率的中大型企业。在企业处于“家庭”阶段时，负责市场的也许只有一个人，或许就是创始人自己，他需要找到一切可能为业务带来增长的渠道、方案，而且最好是零成本。部落和村庄类的企业可以遵循克莱顿·克里斯坦森的“颠覆者理论”：名不见经传的小公司从细分市场入手，不断快速迭代，最终占领主流市场。过去，这个定位和细分市场也许是几个创始人在小会议室中讨论出来的，但在今天，因为市场能够提供最快的数据反馈、最精准的产品定位，因此，这时的定位和细分市场应该是试出来的。张一鸣在创建字节跳动早期，招聘了 4 名开发人员，在一年之内完成了 30 多款 App 的开发，火山小视频、内涵段子、今日头条等后面成为公司现金流主要来源的应用都是在那一时期通过快速试错迭代出来的。成功的背后是大量的假设验证和失败。也许你会觉得，这样的产品创造模式是不是太没有自信了？没错，在今天的市场中，没有人的观点能够绝对正确，即便是一时看似正确的观点也会在成功后被大量复制，初创企业能做的只有在这一场游戏中无止境地奔跑。

如果你之前供职于供应链、广告传媒、大型品牌企业，希望从 0 到 1 重新建立一个属于自己的品牌，你该怎么开始？与其从上到下讨论产品定位，不如一开始就借助第三方营销技术栈的力量，建立一套快速试错的营销体系，也就是从市场获取信息、快速生产、投放测试、基于反馈快速迭代的模式。当你能够用这一套体系将别人的产品跑出正现金流以后，便可以在现有流程中嵌入自己的品牌。

安迪·格鲁夫在《只有偏执狂才能生存》一书中写道："我信奉'只有偏执狂才能生存'这句格言。初出此言是在何时，我已记不清了，但如今事实仍是：只要涉及企业管理，我就相信偏执万岁。企业繁荣之中孕育着自我毁灭的种子，你越是成功，对你垂涎三尺的人就越多。他们会一块块地窃取你的生意，直至最后一点都不剩。我认为，作为一名管理者，最重要的职责就是常常提防他人的袭击，并把这种防范意识传递给手下的工作人员。"

大型企业不仅要把重心放在"保护"好这些财产上，同时也需要找到颠覆式创新，找到第二增长曲线，用更加数字化的手段分析冰山下沉默的大多数，也要时刻用雷达探测周边靠近的邮轮。而敏捷营销倡导的数字化转型或中台，能将企业过去发展路径中沉淀的能力快速复用在新的业务板块，让大象起舞。

以阿里巴巴的生鲜超市项目为例，"盒马鲜生"复用了中台的商品、库存、用户、支付、AI、安全等多种过去可能由淘宝、天猫、支付宝、菜鸟裹裹等其他毫不相关的业务板块沉淀出来的底层能力，这些开放能力让"盒马鲜生"的开店速度和产品迭代都达到了令人咂舌的地步，其在 2020 年推出了 20000 多款新品，是同类企业的 3 ～ 4 倍（数据来源：经济观察网）。

同时，大型企业缺乏职业经理人和组织僵化等问题会导致其创新的原动力不足。这个问题普遍存在。那么大企业是否只能坐以待毙呢？我发现，有大量新兴的、通过新的营销和用户触达模式而迅速壮大的新品牌在对传统的品牌发起挑战。欧莱雅一年发布 6 个新产品，而中国平均每天就有 2 个新成立的美妆品牌通过新的电商和新的消费者关系挑战其每一个细分市场的市场份额。市场上会有大量的品牌失败倒闭，但是只要出现了一种新的营销模式，无论是用微信做裂变，还是把消费者聚集到微信群里引导消费，大企业需要做的是发现和及时跟进，即我们说的防守营销策略。

第三章　转变企业文化，提升消费黏性

重新定义营销战略

企业在进行敏捷营销的变革时，第一步，也是最基础的一步，即企业对营销战略的重新定义。

过去的营销战略是从企业战略学中延伸出来的、专门服务营销领域的一个子学科。支撑该学科的是大量的商业案例。一个 MBA 的学生每天会花大量的时间阅读成功企业的商业案例，并期待从中归纳共性，总结逻辑。从特劳特的定位理论到杰罗姆・麦卡锡（Jerome McCarthy）的 4P、4C 理论，再到迈克尔・波特（Michael Porter）的五力模型、SWOT 分析、波士顿咨询的波士顿定价模型（Boston Matrix）等，一系列通过大量案例总结出的方法论、希望指导未来 3 ~ 5 年战略的行为，我们都统称为传统营销战略。

作为 MBA 的学生在商学院上课时，我学习的内容，更多的是通过企业过去的经营情况建立现金流预测模型，通过研究通用电气等成功公司（通常都建立于 20 世纪 90 年代，即互联网发展以前）的案例以期总结经验。其理论基础建立在环境的变化是线性的、高度可预测的之上。

我们不应该全盘否定麦肯锡这样的咨询公司在提炼并总结企业成功和失败的方法论上的价值，就像失败的将领不应该把败仗归咎于《孙子兵法》没有给出更加具体的行动指引。

在过去，这些战略是极为有用的。因为市场变化较慢，全球市场共通性更高，一个 21 世纪初成立的化妆品企业在营销和运营上遇到的问题，很有可能某国的某家公司在 10 年前就遇到过并且成功解决了。那么以该企业案例为指导，外部的营销和战略咨询顾问可以将更加先进的企业作为参照，倒推出这个新兴企业未来 5 年乃至 10 年的战略发展方向。1997 年，中国平安（世界 500 强的金融控股公司）制订营销、人力资源、资产运作以及愿景规划时，在很大程度上参考了日本生命保险公司、法国安盛保险公司（AXA）、美国美亚保险公司（AIG）的发展路径，其战略规划对平安服务能力升级的重要性不言而喻。

如今，互联网的发展速度实在太快了，不管是媒体的革新，还是消费者口味的变换，都体现了这种发展速度。当你做完 5 年规划开始执行的第一个月，可能就出现了快手或抖音这样的媒体平台，从头到尾改变了消费者对渠道和媒体的定义，而作为营销人员，你被裹挟其中。当没有先进公司能够作为参照时，企业迭代的速度决定了谁能比其他人更快地满足客户变化多端的需求。为迭代方向设定太多条条框框会极大地影响迭代效率，所以在今天，更聪明的战略规划就是“没有规划”。

以海尔公司为例。早在 1984 年，公司的掌门人张瑞敏就意识到了获取用户反馈以优化用户体验的重要性。其中最著名的实践是洗衣机洗土豆的故事。海尔通过调研报告发现，海尔洗衣机在农村的故障率和返修率特别高。深入调研以后发现，原来不是海尔洗衣机存在质量问题，而是有些农户用洗衣机洗土豆。了解到这一情况，海尔专门为农村市场研发了用来洗土豆及其他农产品的特殊“洗衣机”。意识到要获取用户反馈的数据是构建新营销战略的第一步，第二步自然是加快迭代速度。

敏捷营销强调通过搭建营销技术栈和简化组织架构，加快企业在每一个方向的“数据—洞见—行动”的闭环迭代速度，包括但不限于新兴的社交媒体、广告投放渠道、新研发的产品、定价策略、门店模式等。

我们并不是要鼓吹战略无用论，而是要强调，成功的敏捷营销依赖于长远的战略愿景。战略愿景好比灯塔，领头人依此领导大家往统一的方向前进，派出众多敏捷营销小队骑着快马去探路，并将看到的情况迅速反馈回来。领头人要做的是基于战略愿景选出哪些方向不走，从而继续试错，继续前进。

战略愿景是公司聚集人才的核心。而敏捷营销强调的是保证团队内部的透明度，保证企业和营销的愿景可以被一线的营销人员了解，从而保障他们在没有指令的情况下能独立做出判断、决策。

企业要意识到，做营销战略时面临的终极问题是如何聚集起一群有忠诚度的消费者，通过收集他们对产品的期望和需求，用比竞争对手更快的方式将这个产品和它连带的价值交付到消费者的手中。带着这样的初心去理解近几年热议的私域流量、关键意见消费者（Key Opinion Consumer，KOC）等话题，我们就能更加透彻地理解要做的事情。

从金字塔到平行协作网

敏捷开始于思维方式的改变，即从战略思维（由上至下）到消费者思维（由下至上）的转变。

现在，我们需要复盘一下，如今营销部门在制定明年的营销战略时以什么为基础?

20世纪80年代末，宝洁将市场调研方法带到中国，在此后的近30年中，宝洁成为品牌人的“黄埔军校”。大量“宝洁人”涌入中国各个内外资公司的营销部门，由此宝洁的营销模式基本奠定了中国品牌的用户调研方式:“基于过去的数据”做产品战略和营销决策（见图3-1）。

传统营销	敏捷营销
Standarlization 标准化	Experiment 热衷实验
Exploit 开拓	Explore 发现
Fail No 拒绝失败	Fail Fast 快速失败
Low Variance 拒绝混乱	High Variance 拥抱变量
Leverage Assumption 相信假设	Question Assumption 质疑假设
Precision 精准	Ambiguity 含糊
Reliability 万无一失	Speed 速度

图3-1　传统营销vs敏捷营销

在决定某个地区（市场）中某个产品是否要投入研发前，必须确保做出“最正确的假设”，因为这个决定往往代表投入上千万元甚至更多的预算和大量的人力。

投入大量的预算邀请咨询公司和市场调研公司进行决策辅助，一群专业人士在会议室里进行头脑风暴，会议桌上摆满各种市场调研的问卷和数据公司的报告，市场定位、营销战略等专业词汇层出不穷，而后在冗长的会议中完成“做”或“不做”的决定。管理层会在接下来的一段时间内将战略进行分解，并制定每个部门的年度绩效指标，自上而下要求员工一丝不苟、万无一失地执行他们的战略。事实上，这些所谓的“专业人士”完成战略制定后，项目的成功率会大幅提升吗？

汤姆·彼得斯（Thomas Peters）是美国著名的商业作家和企业战略家，在麦肯锡任职期间，他将北美 2 万多家上市公司的数据聚合起来进行分析，用麦肯锡的工具模型筛选出美国 43 家卓越的公司（这些企业包括 IBM、宝洁、王安电脑等），并将其案例收录进《追求卓越》① 一书中。这本书也是历史上最畅销的经管类图书之一。其研究核心类似于大部分现代企业研究战略和营销的方式——提炼成功企业的共性。彼得斯确实提炼出了包括崇尚行动、贴近客户、自主创新在内的 8 条共性。可是讲了这么多道理，10 年以后，这些在美国乃至全世界影响力最大的公司中，有 14 家发生财务危机，王安电脑还倒闭了；到了 2012 年，70% 的企业已经停止增长，有 5 家已经倒闭。如今，影响力最大的企业已经从石油、IT 等行业中的企业转变为互联网企业。

① 于 1982 年首次出版。——编者注

当市场环境的波动更大时，试错的速度和进行实验的项目数量方面的优势会帮助企业构建比非敏捷营销企业更多的成功项目，也意味着更高的市场占有率与竞争优势。在《追求卓越》一书出版 10 年后，汤姆·彼得斯无奈地表示：“卓越只是一种过于静态的观念，而世界的变化实在太快了。”

当企业的 5 年、10 年规划没有任何现实意义时，唯一有效的方法就是打散自上而下的组织体系，为接触核心数据的一线业务人员放权，帮助他们快速试错，敏捷迭代。

在敏捷营销时代，即使做了大量的前期调研、开过战略会议，也没有人可以预知企业到底应不应该进入某个市场、开发某个产品、投放哪个渠道。庆幸的是，在数字时代，我们的一切实验都可以获得数据反馈。将敏捷的哲学运用于商业决策后，我们可以快速发现哪些市场带来的利润最多、哪个产品更受消费者的欢迎、哪个媒体投放的支出会产生正向的 ROI。敏捷营销企业一年可以完成 300 多场营销活动，而传统营销企业还在讨论当年是否应该继续投放电视广告。

敏捷营销也更喜欢拥抱混乱，而不是要求事事万无一失。蒂姆·哈福德（Tim Harford）在《混乱》一书中提到，“混乱”能够带来一定的“自由度”，相反，传统企业强调服从、层级与威严。在如今这个传统意义上的自上而下制定战略的做法已经失效的时代，对于企业，特别是对于创新业务和初创团队来说，能够提高营销成功率的方法只有拥抱混乱。

企业文化的 6 大关键转变

1. 海盗文化

在《闪电式扩张》一书中，作者之一的里德·霍夫曼提到，企业从创立开始要经历 4 个阶段，并以 4 个角色为代表：海盗、海军陆战队、军队和警察。① 在敏捷营销的测试期和迭代优化期，相关人员更像海盗和海军陆战队这样的“野蛮人”，而在沉淀策略阶段，企业需要的则是有不同职业素养的管理者、理性文明人，让他们维持秩序，保证更高效地复制此前验证可行的营销策略。这也是为什么已经有既定市场规模的大公司愿意招聘有大公司工作背景的职业经理人，即让“军队”和“警察”类的人才进入公司进行管理。

海盗出海只需要一个尚未被验证的信息——也许两天以后会有商船经过（其希望大部分时候都会落空）。因为海盗出海只需要几个人、一些武器和一艘快艇，所以即使信息有误，相比可能获得的收益，他们付出的成本也微乎其微。

这要求企业将过去庞大的市场部门拆分成一个个小的敏捷营销小组，去广泛地实验和迭代，同时提供能够帮助他们进行敏捷营销的营销技术栈、数据、财务权力等。

敏捷营销强调快速构建成本最低的试错方案，通过数据反馈调整方向。敏捷营销不主张做太多的事前假设和市场调研。过去，宝洁是快消

① 此处仅用这 4 个角色介绍敏捷营销过程中的工作模式，与其本身所持的立场无关。——编者注

界的“黄埔军校”，其背后一整套管培生培训流程都是为了培养“海军类人才”。

但在数字化时代，更有可能赢得战争的是“海盗类人才”，因为市场、消费者变化太快，消费者的触点太多了。当海军完成了自上而下的战略部署时，自我激励的海盗们也许已经完成了对宝藏的“搜刮”，因为他们不害怕失败，他们可以用最低的成本尝试新媒体是否符合产品调性，而不是在会议室进行讨论。与其花时间开会讨论新城市的店铺选址应该在商场中还是在写字楼附近，不如在两个地点各开一个快闪店测试一段时间的营业额；与其思考产品的差异化定位，不如花 2 万元投放信息流，收集产品的 10 个核心卖点的点击率数据再做决定；与其花大价钱请咨询 +IT 公司建立自有商城，不如花几千元采购一个微信商城建站工具，从最简陋的版本开始迭代。

企业应该用敏捷的营销动作快速试错，让数据反馈引导业务增长，从增长中获得利润。

2. 让听得见炮声的人呼唤炮火

海盗文化的另一个核心特点是自我激励，因为缺乏管理，所以每一个海盗都有战和逃的自由。为了保证海盗团队的敏捷性，权力一定要下放。“让听得见炮声的人呼唤炮火。”这句话由华为创始人任正非首次提出，其含义是对现代商业快速变革的适应。

传统战争是机械化集团军作战，现代战争却是“班长的战争”。听得见炮声的人有权力呼唤炮火。随着华为组织结构变革的深入，“班长”将有更大的作战能动性和更广的作战半径，以及更高效的炮火支援。

这段话的核心思想是将原本在金字塔顶端的权力下放到基层的业务部门的组长身上，以统一的业务目标作为决策指导，给予敏捷营销小组最大的权力。当然，绝大部分企业都没有办法像超级细胞公司[①]将整个项目的财务权、人事任免权都下放到每一个项目组组长手中。

任正非曾说：“在形成文化之前，将财务权和人事任免权下放带来的结果是毁灭性的。”

大部分企业要找到放权与自上而下地做战略决策的平衡点，不是盲目地下放权力。敏捷营销的转型有一个简单的依据：可获得的消费者反馈的质量和速度——谁能够第一时间获得消费者的反馈，谁的权力就更大。

事实是，即使在过去没有数据这一概念的时代，一线人员也能比管理层获得更多关于消费者反馈的数据。正如英特尔前总裁安迪·格鲁夫所说：“在一线作战的人通常会提前感知即将发生的变化。销售人员往往比管理者更先理解顾客需求的变化，金融分析师通常是最早知道商业变化的人。”

敏捷的意思在于，呼声可以被后台听见。

以游戏公司为例，营销结果、产品反馈、商业化成果等一系列直接

① Supercell，著名游戏公司，研发了海岛奇兵、部落冲突等著名游戏，人均创收超过 1000 万美元。

与商业结果挂钩的活动数据反馈，大部分都被掌握在一线的业务员和数据分析师手上。在一般情况下，运营人员可以通过分析工具在第一时间（比管理层更快地）发现机会点，不管是新的媒体投放还是某个促销活动的结果。如果这时这些最有价值的信息还需要在不同层级之间传递，再自上而下地分配任务和KPI，那么信息在传递过程中就可能被耗损和扭曲，冗长的决策流程可能让企业错失做出反应的最佳时机。

这些更高维度的信息，比如竞品的动态、国外的优秀案例等过去都掌握在公司高层手中，一线的营销或渠道人员获取这些信息可能是在2～3个月甚至更长时间以后。根据传播学中的知沟理论，高层能够在第一时间获取没有任何耗损的信息，而一线人员只能收到过时、被处理过的信息，随着时间的推移，一线的业务人员与高层对战略执行的认知差距会越来越大。

现在，营销的重心由产品转变为建立与消费者的关系，消费者的消费行为数据变成了企业最有价值的信息，如何更敏捷地满足消费者多变的需求成了企业最重要的课题。而营销技术栈的发展又能让营销人员更快、更方便地获取这些数据。如果现代企业还没有意识到这一趋势，继续采用自上而下的战略制定方针，只会让产品研发和营销模式离消费者的真实需求越来越远，最终被消费者抛弃。

欧莱雅中国首席营销官阿斯米塔·杜贝（Asmita Dubey）在接受虎嗅专访时曾提到："我们有一个内部交换项目，公司里的'90后'会定期与公司高层进行交流，一个月一次，他们分享年轻人之间的新趋势、流行的新App、美妆领域又出现了哪些新概念等。这一交流非常轻松随意，我们要求高层谦虚学习，这能让他们及时捕捉最新的数字化趋势动态。”

3. 服务型领导 + 目标设立

杰克·韦尔奇（Jack Welch）说：“如果你选对了人，给了他们施展的机会，以酬劳为载体，就几乎不用管理他们了。”

如果一线的敏捷营销人被充分授权，营销部门和公司的高层需要做什么呢？答案是做一名服务者，服务于团队而不是发号施令。这时，能否成为优秀领导者将由以下特质决定。一是发现可能的阻碍；二是清除阻碍的效率；三是一旦阻碍不可清除时，如何进行下一步决策。

在敏捷营销团队中，领导层需要做的只有一点：定目标，然后调用一切资源帮助团队完成目标。

目标是一段时间内整个公司的营销目标。与过去先制定网站成交总额[①]、销售额等直接业务目标，再将目标拆解分配到各部门甚至员工个人的方式不同，敏捷营销强调目标的核心是直接与消费者利益挂钩的，而不是公司如何获得更大的利润。当然，目标的增长应与财务目标的增长正相关。

以我的鲸投项目为例，我们的目标只有一个，就是实现客户在我们平台的广告投放，投放值越高，代表用户对我们产品的使用度和依赖程度越高，同时因为我们是按照投放的比例收费的，所以平台上的广告投放值越高，我们的财务状况就越好。

---

① 英文全称 Gross Merchandise Volume，简称 GMV。其实际是指拍下订单金额，包含付款和未付款的部分，主要应用于电商领域。——编者注

这一目标确定了以后，比如我希望这一次的营销活动能让我们部门获得 1000 个销售线索，领导层并不需要对营销人员做任何“你应该做什么”的限制，而应该回答营销人员的问题，比如办这样的营销活动是否符合我们广告投放增长的目标，如果不符合，领导者要做的就是下放营销预算的决策权，协助营销人员整合资源、申请预算、找到代理商等。而营销活动的执行、分析、反馈、迭代等一系列工作，领导者都不会参与。在每一次小的营销活动完成后，领导者需要做的就是与团队一起分析这次营销活动的价值是什么、目标是否实现。

敏捷营销团队中所有人的绩效都与这一单一目标挂钩，不论是否存在特别突出的个人，或者最后的目标值是否达到，最后的奖励与惩罚都应该与这一目标绑定。

4. 绝对透明的信息流动

团队的极度透明有利于团队在“分布式领导”中建立信任。团队的每个人都会有比以往更多的发言权，并有权力决定如何执行任务，也可以在知道小团队或部门其他人的工作进程时，迅速调整自己的工作内容——是继续专注于自己的分析报告，还是停下手头的工作协助同事进行产品文档的梳理，以保证项目更平稳地推进。

在我的留学经历中，有两段在餐厅后厨工作的经验。其中一家餐厅是位于加拿大一个小岛上的日式餐厅；另一家是位于荷兰马斯特里赫特的米其林二星餐厅。

如果你在就餐人数最多的 18:30—20:00 这段时间走进荷兰米其林二星餐厅的后厨，就会发现那里就像在演奏一段莫扎特的交响乐，每个人，不管是流水线厨师还是副主厨都有事情要忙，比如照看烤箱里的鸭胸肉制作调料汁，但他们也会一直关注厨房里每个角落发生的事情。只要有需要他们的地方，他们就会马上补位，如果有人看到锅里的牛肉快煎好了，就会马上接手将牛肉拿出来放进烤箱，并将自己调好的酱汁交给主厨。

相反，日式餐厅的后厨则死气沉沉，每个人都只专注于自己那“一亩三分地”，即使看到主厨手忙脚乱，只要没有被知会，他们也会无动于衷。

我曾经在这家餐厅一晚上切了 800 个洋葱。

在营销部门，我们不要求所有人既会写机器学习模型，又能写出引发受众共鸣的广告文案，但如果每个人都愿意为了同事去学习写结构查询语言（SQL），了解产品研发部门的流程和财务计算 ROI 时用的现金流折现模型，能够用 Excel 做最基础的数据分析，那么我相信这个团队在协作效率上一定是出类拔萃的。因为每个人对其他人的工作内容都有认知，所以能够在每日的站会中发现问题，在需要的时候提供帮助。

5. 鼓励试错，而不是惩罚

在敏捷营销组织中，团队会做大量的测试和实验，而这些实验大部分以失败告终，所以团队氛围应该以“从错误中学习”为基调，而不是强调威严、执行或者万无一失。营销人员如果有“向上汇报”的压力，那么对他们来说，最优解就是“原地不动，等待指令”。敏捷营销强调的对待错误的方式是从错误中学习，鼓励犯错，而不是在项目失败后互相指责。

1993—1995 年，阿尔卑斯山冰雪融化造成的大洪水给荷兰政府带来了大难题。在水位上升不严重时，越修越高的堤坝会改变河流的走向，这种“命令与控制”式的改进方法确实可以起到很好的防洪作用，但当真正的大洪水到来之时，被收窄的水道会让水流更加湍急，治理水患的工作反而给村镇带来了更大的危害。

在那次大洪水之后，荷兰政府开始采用“河流空间”的解决方案，也就是为河流建立一些分支通道，降低河流两旁的堤坝，这项举措使河水在不可避免地暴涨时，不会因为淤积而泛滥，而是让洪水尽快地流过农田。“河流空间”项目接受了“洪水是无法避免的”这一现状，转而通过疏通和引导“助长”这一现象。这一观念的转变虽然无法让荷兰避免遭受洪水的影响，但是增强了荷兰在遇到紧急情况时的“韧性”。

在荷兰，人们也开始理解“命令与控制”带来的弊端以及疏通和引导带来的全新的解决方案视角。

6. 专注于消费者而不是产品

过去营销的核心都在于如何把产品卖出去，谁能够让产品被消费者看到，谁的话语权就足够大，那是“渠道为王”的时代。比如谁能够帮我建立品牌，帮我把 500 元的冰箱多卖 50 元，我就愿意把营销的预算给谁。

但是电商出现以后，我在深圳可以买到的产品，在乌鲁木齐一样可以买到，因而线下的渠道失去了战略意义。

与此同时，我们会看到，一个品牌的包装十多年都没有变过，而新一代消费者口味和对产品的诉求变化了一次又一次，如果企业对此毫无反应或不采取有效的应对措施，长此以往，企业就会被消费者淘汰和遗弃。

同时，在渠道和大媒体失去其战略意义之后，很多企业迷茫了：我所有的战略、组织架构、护城河都是围绕这样的方式构建的，我知道这样的方式行不通了，我知道我要转型，那么我转型的核心是什么？

聚焦于消费者，而不是产品。

在新的市场环境下，考查一个企业的核心竞争力的指标，不在于渠道销售能力及围绕产品销售的网站成交总额、毛利，而在于有多少消费者离不开该企业、与该企业产生了黏性，以及企业能用多低的成本触达消费者、高频率地影响他们的消费决策。企业卖什么显得不那么重要了，重要的是消费者从企业这里得到了什么样的价值，他们使用企业的产品以后，获得了何种快感、地位和生活方式。茑屋书店的生态积分制度、海底捞的极致服务都是这种营销哲学的受益者，即通过一个大众消费者品类服务消费者，基于产品提供生活方式的解决方案，使消费者产生消费黏性。

认识到这一点，我们会发现过去所有的组织架构和人才储备都不再适用了，营销系统改革迫在眉睫。

第二篇

PART 2

实践篇

因循观望的人，最善于惊叹他人的敏捷。

—— 莎士比亚

第四章　组织架构与人才建设

克里斯坦森在《创新者的窘境》中提到，当市场发生剧烈变化时，那些原先在行业中已经取得领先地位的大企业，失败的概率更大。原因是，企业在寻求变革时，会遇到三股力量的阻碍：①消费者偏好的转变；②颠覆性技术对主营业务既得利益的损坏；③企业过时的组织架构。最后一种是我认为最致命的阻碍。企业原有的产品和业务的评估方式，以及围绕这个利润获得公式打造的评估和协作体系，如果不在组织架构变革之前进行重塑，其他工作都是徒劳的。

“团队之间的协作才是企业为世界提供价值的主要力量，而这也是敏捷营销赖以生存的基石。”

企业传统的营销模式更像亚当 · 尼科尔森（Adam Nicolson）在书中描述的法西舰队①，而敏捷营销则像在装备和人数都不占优势的情况下赢得胜利的英国海军。

---

① 19 世纪初由法国海军和西班牙海军组成的联合舰队，在特拉法尔加海战中输给了英国海军。——编者注

传统上，海军将领在进行海战时通常会安排自己的船只排成一条平行于敌人的战线，双方会一轮轮地互相齐射，直到有一方由于伤亡惨重、船只和弹药损耗过多而投降。这种安排可以最大限度地利用战舰两侧侧舷火炮的火力，同时，这种安排也方便进行中心化控制：海军将领一般位于一字长蛇阵的中心，可以监控整个战局并且通过旗语发出相对清晰的命令。战斗变成了操纵者与被操纵者之间的对决。然而，书中人物、英国海军中将纳尔逊的策略是将自己的舰队分成两列，形成一个特定的角度，然后从侧面切入法西舰队的一字长蛇阵，将其切成三段（见图 4-1）。他希望用这一战术打法西舰队一个措手不及。打散了双方的船只队列，就造成了混乱，法西舰队的指挥官也就无法发布连贯的命令。

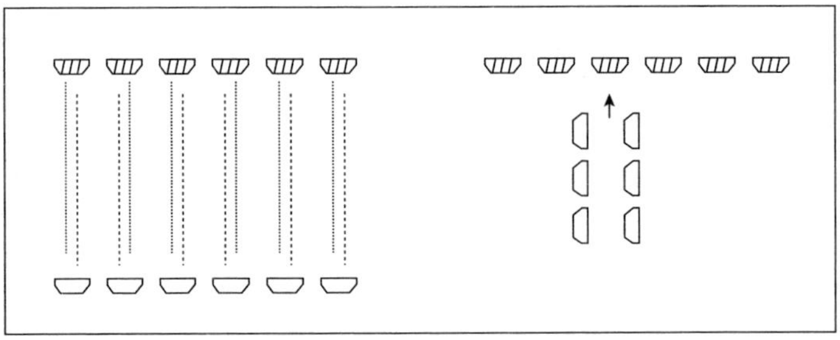

图 4-1　纳尔逊的战略

当指挥官失去了发出清晰指令的能力，每个军官在战场上就必须独自决断。在多次战术讨论会上，纳尔逊耐心地向指挥官灌输自己的理念。他期待自己的部署能够让军官们发挥主观能动性，同时要求舰队中的所有人减少对通信手段的依赖。

与之形成鲜明对比的，是几英里[①]外的法西舰队，它们还处于严格的权威统领之下。法国和西班牙的军队素来有这样的弱点，它们依赖中央指挥部发出的命令行事。传统上，单个舰只的指挥官会等待信号旗发来的命令，而信号旗发出的信号可能会因为战场上的烟雾而模糊不清，可能会因为遭到敌军炮火的打击而无法发出，也可能被错误地理解。传统的企业营销战略在自上而下执行的时候又何尝不是处于这样的窘境呢？

故事的结局是英国的舰队成功切入了法西舰队的一字长蛇阵，舰只向各个方向四散猛冲。事态的发展在很大程度上与计划一致，这一计划足以扰乱敌人的任何计划。虽然法西舰队的指挥层意识到巨大的冲击即将到来，但他们束手无策。尽管在技术上具有优势，但法西舰队还是有 19 艘战舰被英方俘虏，而英国海军没有损失一艘战舰。敏捷和自我激励的组织架构让英国海军获得了这场战役的成功，纳尔逊后来将其计划命名为“纳尔逊战阵”。英国这种战术模式在之后的战役中被贯彻，而这些战役的胜利从一定程度上造就了英国强大的军事实力。

如果我们将纳尔逊在组织架构上的改革引入现代企业，公司、产品和部门人员的关系将被完全颠覆。与过去公司制定战略，主导研发产品，由销售、品牌围绕产品创造收入的方式不同，更加适合数字化时代的组织架构应是公司在底层提供技术支持，赋能更小、更敏捷但同时更全能的敏捷小组，通过不断构建子品牌和产品，构建一套自下而上的组

① 1 英里≈1609 米。

织架构体系，将权力充分赋予每一个参与产品流通的小组成员，激发内部的能动性。

也许读到这里你会有疑问：构建如此多的产品线，失败率会不会很高？为什么不能聚焦在一款大众产品上呢？克里斯·安德森（Chris Anderson）——全球最具影响力的科技杂志《连线》（*WIRED*）的主编，2004年在《长尾理论》（*The Long Tail*）一书中帮我们解决了这个疑问——工业时代，之所以商品的销售符合二八定律，是因为大众媒体资源和货架是有限的，但是进入互联网时代，小众产品迎来了春天，因为你可以用更低的成本触达一个利基市场中的一小群人，解决他们没有被满足的需求。

营销部门与其他部门的权责割裂

当我们意识到战略转折点出现时，如果营销和技术不能协同做出反应，战略和执行的不统一衍生出的战略矛盾会导致企业的转型失败。在大企业中，这种现象尤其普遍。所谓大企业，正是因为其过去在行业内的业绩非凡，公司整体的发展方向也会从创新发展慢慢开始沿用从前成功的经验，不管是营销模式、IT架构还是整个协同的方式，都是如此。当市场营销要求新的、年轻的、敏捷的营销模式时，这种“成功的惰性”就像在滑轮上的铅球一样，势不可当，冲击力巨大。

首席技术官或首席营销官要有一个清晰的认识，那就是营销的本质转变了，首席营销官的精力都分散在监督大型的营销活动上，以期吸引消费者关注并了解品牌；首席技术官的精力则被分散在业务流程的优化（比如订单到付款）、交易管理、保证信息安全以及维护数据的获取权力上。

一个经常出现的问题是，营销部门与IT部门没有平等的数据获取权。

营销人员对IT部门最头疼的是，“我知道IT部门数据库中有我需要用于分析的用户数据，但是我获取不到这些数据”。

反观IT部门，每天的工作焦头烂额，除了业务流程的优化、交易管理及保证信息安全，竟然还要给这些业务部门做提数分析。

营销部门与IT部门的冲突主要来源于以下几个方面。

- 管理造成的冲突导致两个部门之间没有统一的业务目标，部门最高领导权责分裂，业务人员KPI不一致。
- 营销部门在数字营销上的花费越来越多，数字化渠道也越来越多，不同渠道的数据都会汇总到IT部门，但此前建立IT部门的人员配置和技术架构不支持新兴的业务。
- 营销人员缺乏技术理解和数据分析能力，导致他们对IT部门的能力边界缺乏认知，即使有认知，也缺乏数据和技术在具体应用场景中落地的想法。大部分公司的营销人员过去的工作重心都在几个年度最大的市场活动上，真正分配到基于数据反馈迭代营销活动上的精力少之又少。

在数字时代，IT 部门的数据明明可以很好地帮助营销人员进行决策，但营销部门和 IT 部门的割裂导致很多企业无法更好地了解消费者因而痛失了市场先机。

如何推倒营销部门和 IT 部门之间的高墙，让营销更加敏捷？这可能是这个时代大企业营销需要解决的第一个难题。

重构组织架构

因为消费者兴趣的转变以及数字经济的兴起，营销人员所处的环境更加复杂，过去强调纪律和执行的工作方式已经无法适应如此迅速的变化，能创新并执行的营销团队将更有可能在现在的商业环境中成功。

宝洁公司首席运营官罗伯特·麦克唐纳（Robert McDonald）借用一个军事术语来描述这一新的商业格局："这是一个 VUCA 的世界。" VUCA 指的是易变性（Volatility）、不确定性（Uncertainty）、复杂性（Complexity）、模糊性（Ambiguity）。

如果企业需要适应新环境，便要以企业文化变革作为抓手，完成以下三项任务：

- 摆脱自上而下的战略制定方式，赋能微型组织；
- 摆脱完美主义，鼓励试错；
- 信息高度透明，利用全局思维和信息共享打造复合型人才。

就像斯坦利·麦克里斯特尔（Stanley McChrystal）强调的，获取成功的办法更多的是应对持续变化的环境，而不是根据过去的经验或者相对稳定的变量进行选择。敏捷，将会是未来商业领域中最重要的素质。

敏捷营销团队有三个特征：价值交付、跨部门协作、极度透明。

亚马逊 CEO 杰夫·贝佐斯在评价敏捷团队时指出，如果两个比萨喂不饱你的团队，说明你的团队太大了。传统企业在营销运营的组织架构规划上会将大部门分为许多小团队（见图 4-2），但是这样自下而上、层层汇报的组织架构显然已经无法适应现在多变的环境了。

对很多大企业来说，扁平化管理无法适应现在的市场。更多的企业，比如格力空调，将企业拆分成一个个独立的子业务公司，每个公司独立决策，独立运营。在可预见的未来，大渠道、大媒体时代的这些消费品巨头的市场份额将会被众多专注于垂直细分领域的小品牌蚕食，除了收购在垂直领域已有或将要形成垄断地位的小品牌，大型企业还需要简化组织架构。

企业管理层需要简化营销部门的组织架构，以适应新的营销管理策略。

其中一个方法是“阿米巴经营”。这是由日本著名实业家、经营管理了 3 家世界 500 强企业的稻盛和夫提出的。阿米巴经营将原有人数庞大的部门拆分成数个 10 人以内的小组织，每个小组织财政独立、自负盈亏，以此简化冗杂的大企业架构。由于单位部门人数减少，只要有人没做好工作，就会看起来很明显，也会大大影响部门业绩。如此一来，即使是基层员工也必须像团队的经营者一样做出实际成绩。这一方法能激发员工的责任心、参与感，提升工作成效。

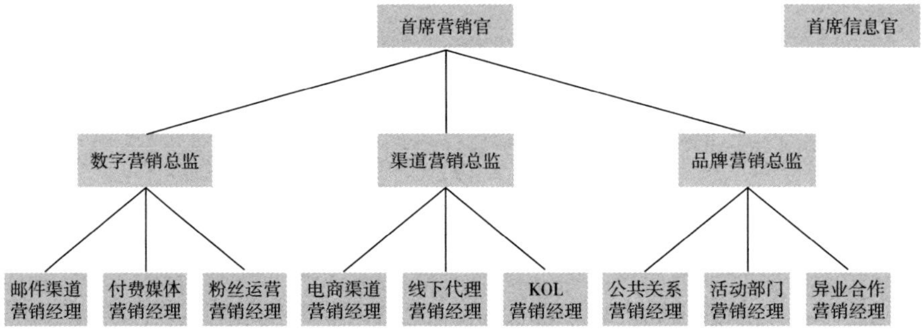

图 4-2　传统的营销架构

《麦肯锡季刊》曾在一期中提到了荷兰银行的敏捷营销转型。

荷兰 ING 做得非常大胆。2015 年夏天，ING 踏上了敏捷转型之旅，将原来的 6 个层级、30 多个职能部门、近 3500 名员工被缩减为 3 个层级、13 个敏捷部落和近 2500 名员工，目前大概有 1/4 的 ING 员工是固化在敏捷组织里的。ING 旨在放弃传统的金字塔组织结构，把自己变成一家"从事金融服务的科技公司"。当然，大型银行在向"敏捷部落"转型的过程中，通常会遇到较大的挑战——考核汇报线调整、敏捷团队各岗位职责范围界定、转型实施路径设计等，这些都高度考验领导者的智慧与韧性。

海尔更是将阿米巴经营发挥到了极致，曾一举裁掉约1600名员工、解散万名中层主管，把原先的部门变成一个个公司之下的独立小企业（小微企业，只负责一种产品）。由此，企业的角色转型为平台、为每一个“微型组织”提供IT、数据、财务、行政等方面的支持。

以上这些组织结构变革可总结为：公司的角色转变为向底层服务商提供IT、财务、人力管理等支持，在底层服务商之上则是一个个有自驱力的小型团队，我们称这些小团队为“敏捷营销小组”（见图4-3）。

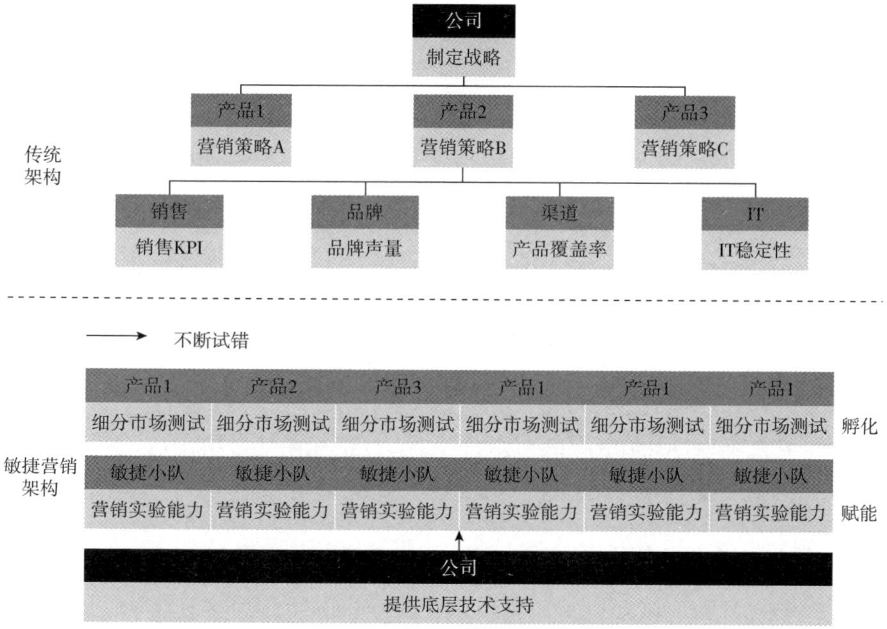

图4-3 传统架构与敏捷营销架构对比

与传统营销不同的是，敏捷营销的组织架构会以一个可量化的战略目标为指导。比如，2019 年第一季度，用户生命周期价值增加 2%，将这一战略指标分配给各个敏捷营销组，每组都可以用公司营销技术栈中的各种权益、人群、媒体。如图 4-4 所示，所有敏捷营销组的成员都能够看到用户生命周期及与用户获取成本相关的所有指标，通过一个个低成本的营销活动快速试错，以此进行数据优化，从而开展营销活动的迭代。

广告公司之所以存在，除了因为其填补了广告主和媒体之间的信息差，还有一个很重要的原因是甲方人均可管理的营销预算是有限的。说得更加直白一点，一个人一年能花出去的钱是有上限的，超过一定数额，管理效率会直线下降，可能有相当一部分的钱会被浪费。

当品牌主构建了完备的营销技术栈，人均可管理预算将直线上升。需求方媒介采买平台（DSP）或交易平台可以完成 80% 精准流量的采买，社交客户管理平台（SCRM）可以汇集微信公众号、微博的粉丝，并对各个社交平台上的粉丝进行统一管理，推送新品或促销消息。创建营销活动必不可少的创意素材和权益都可以在内容管理系统（CMS）上统一管理并配置到其他的营销技术栈上。大部分常规的营销活动可以用营销自动化的工具完成，这样，营销人员的精力就可以分散到新的营销活动、模式及媒体的探索上。

营销技术栈的两个关键是统一用户数据管理和保证拓展性。我们将在后续章节重点描述。

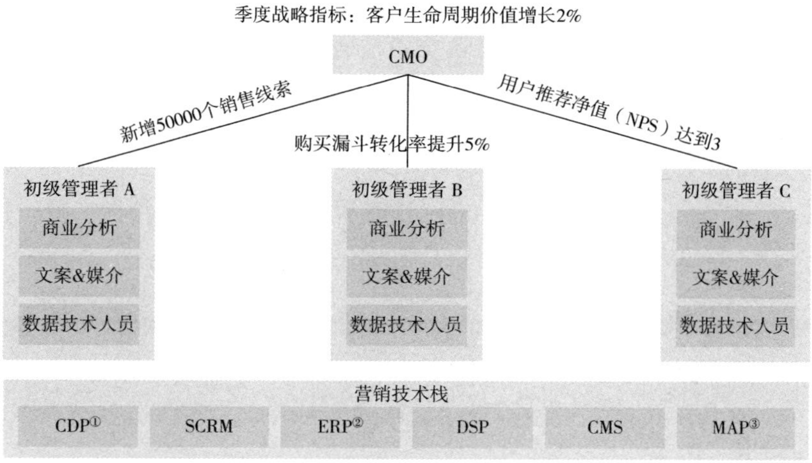

图 4-4　敏捷营销架构的细节

注：①客户数据平台。
②企业资源计划系统。
③营销自动化平台。

克里斯坦森提出："当企业寻求战略转型时，必须设立独立机构。"同理，在现有繁杂的大企业架构和冗余的技术栈基础上改革，大企业要构建敏捷营销的能力，最易成功的方法是从企业中裂变出一个由创新者组建的子品牌。

裂变出的子品牌既可以在母公司的平台上共享IT、人力资源、财务等职能部门，还能借助大企业的现有资金和生产线资源快速抢占市场。

这是同样规模的新兴品牌不具备的优势。为了保证裂变出的子公司有足够的创新空间和作战能力，子公司需要遵循以下三大原则。

第一，确保新公司的创办建立在颠覆式的创新上，不管是产品技术、供应链还是品牌定位。确保企业选定的裂变创业时的增长曲线处于现有行业，比如苹果的产品从个人电脑到 iPod 再到智能手机。反例则是乐视，从视频网站到电视再到汽车，这几个行业的生产和制造都没有可复用或相互产生协同力的可能性。

第二，确保裂变的品牌在业务上与母公司没有任何交集，保证新的子公司在快速成长的过程中不会动既得利益者的“蛋糕”，也不会被老套的商业模式拖累。数码相机技术是由柯达研制出来的，因为害怕数码相机的发展会破坏胶片机的市场份额，这项技术被搁置了很久。当然柯达的后果大家已经知晓。

第三，拿出至少 20% 的股份作为初创团队的激励池，并出让比股权更多的收益分红权。为保证初创公司有冲劲，避免职业经理人陷入困境，公司可以引入宗毅、小泽在《裂变式创业》一书中介绍的原则：内部竞选，花钱持股，将子公司的利益与母公司牢牢地绑在一起。

在可预见的未来，我们会看到更多有先见之明的大企业通过收购和裂变，将组织架构由层级众多的直线职能型调整为一个个服务垂直业态的小公司。这些小公司的人数集中在 20 ～ 30 人，没有行政部门。

三人小队

斯科特·布林克尔在他的《黑客营销》一书中写道：“敏捷营销的核心是让个体营销人员和小型营销团队对自己的工作拥有更大的自主权，并在实现目标方面拥有更大的自由度。”敏捷营销的运作基于信任和透明度，而不是命令和控制。这与AgileSherpas发布的2018年敏捷营销报告内容相一致，该报告称，大约36.7%的营销团队正在实践敏捷营销，确保其能够快速调整营销重点，交付更高质量的营销成果，提高生产率。

每一个敏捷营销组将会配置包括商业分析师、数据分析师、工厂业务伙伴（ITBP）在内的三人小队，其中，商业分析师负责商务和战略分解；数据分析师对所有营销相关流程的数据进行可视化展现、搭建数据指标体系、传递关键信息；ITBP负责营销技术栈相关的IT支持，包括对营销活动进行数据分析并提供相应的支持。

在大部分敏捷营销组织中，三人小队分工明确，又有很大一部分工作内容重叠，以保证互相协助和互相监督。

同时，就像软件研发必须有一个产品负责人一样，敏捷营销小队也需要一个“敏捷营销队长”，队长的职责是决定敏捷营销小队任务的优先级，确保团队能够专注于将一件事情做好。由谁担任队长取决于项目的业务目标：在需要更快地对某个SaaS项目进行部署时，可能会以拥有软件项目经验的数据分析师为主导；决定新旗舰店选址时，可能由拥有大数据选址项目经验的商业分析师担任组长；在需要为管理层搭建管理仪表盘时，可能由有业务指标体系梳理优势的ITBP确定什么该做、什么不该做。

这个小队长最大的权力不是决定先做什么后做什么，而是决定这个项目是否要做，确保这个项目在进行过程中不会因为未给消费者和客户带来任何价值而停滞。队长需要对项目全权负责、统观全局，从而把最核心的资源放到更有价值的实验上。

商业分析师

商业分析师是讲故事的人。如表 4–1 所示，他们的日常工作是在各个部门之间争取资源。在敏捷营销小队中，他们最了解业务，很有可能是项目的发起人，因为他们能够发现营销机会——也许是直播带货，也许是社群营销。项目开始后，他们需要确定项目各个阶段的商业化目标，在关键节点整合公司内外部资源，推进项目，梳理核心业务流程，并在项目成功时将其转化为标准业务流程。他们与数据分析师合作无间，一同发掘数据中的价值。

优秀的商业分析师能够出具有价值的敏捷营销项目报告，向上下级扩大影响力，能够在项目确定不可行时及时止损并快速发现新机会，第一时间投入下一个敏捷营销项目。他们一般在产品或内容类型的项目中担任组长，因为在一般情况下，项目数据并不能说明一切，业务知识更能够帮助项目获得成功。

表 4–1　商业分析师的工作内容及要求

工作内容	要求
产品研发	了解产品研发流程，负责迭代升级、质量检测等一系列与产品相关的分析工作，是合格产品向优秀产品升级的关键人物
内容生产	了解设计、权益采买、新媒体等所有内容生产流程；负责公司大部分与营销相关的内容生产和分发策略；对更加高响应的设计、权益和会员的最优配置、新媒体渠道开拓等相关业务负责
会员体系	促成会员销售、复购，寻找 KOL 等；负责在用户注册之后提高客单价、提升关键流程转化率；涵盖会员触达、促成活跃、节日关怀等常规吸引消费者的流程
媒体投放	制定付费媒体的媒体投放策略，进行日常监控；对媒体投放、供应商管理的整体投资回报率负责

数据分析师

数据分析师是 IT 部门与业务部门合作无间的黏合剂。如表 4-2 所示，他们需要对营销整体的数据报表进行监控，这是他们重要但不紧急的工作。数据分析师新加入敏捷营销小队时，需要在项目开始前梳理数据回传与归因的机制，搭建数据指标体系，完成简易的数据可视化报表的建模工作。他们可以使用 Excel、Tableau、PowerBI 等数据可视化工具。

他们需要兼具 IT 工程师的严谨和商业分析师对业务的敏感度，才能够在第一时间帮助团队找到敏捷营销的机会点。一名优秀的数据分析师不需要解释数据背后的含义，而要像一个精密的算法一样，在小数据中发现趋势，提供关于项目止损和加大投入的建设性意见。一般在会员体系搭建和媒体投放的项目中，数据分析师会作为项目组长。

表 4-2　数据分析师的工作内容及要求

工作内容	要求
产品	对消费品行业中消费者在各个不同渠道对产品使用的反馈，进行社交媒体的监控（Social Listening）；对游戏电商行业中用户使用的关键流程进行埋点，监测关键流程的用户流失，给出优化建议；为用户对产品的影响、整体转化率负责
内容	聚合所有平台的营销物料投放表现和内容，搭建与创意和内容相关的报表体系；将与内容相关的营销表现数据以用户友好的方式可视化展现，为创意和内容迭代提供数据支撑；与商业分析师合作，对整体内容生产流程的优化负责
会员体系	协助商业分析师对会员指标体系的搭建提供数据计算和展现支持
媒体投放	对媒体投放相关数据进行收集、建模和分析；对转化跟踪、曝光归因等数据进行统一收集、归因；对媒体投放中的关键指标建模并设置预警和提醒机制，比如 ROI 转正、曝光要求达到目标值等

ITBP

ITBP 是敏捷营销小队的军火库管理员。他们提供营销技术栈支持，第一时间对数据提取要求进行响应，对于从外部采集的软件和数据进行可行性和可拓展性评估。在数据层面，他们需要了解 SQL 的查询和提取速度优化等工作；在 IT 和软件层面，他们需要将业务的需求表达给自研或外部 IT 供应商，并寻找两方的契合点。优秀的 ITBP 不只是程序员，他们还是大型 IT 项目和整体业务之间的黏合剂。

优秀的 ITBP 应充分了解敏捷营销项目中的业务痛点，可以用最低成本而不是最先进的技术解决问题——不管是自动发送邮件还是 ID 映射方案。因为他们知道敏捷营销项目的失败率很高，与其投入大量的时间交付一个完美的 IT 解决方案，不如配合业务部门用更敏捷的方式实现目标。他们一般会在底层数据、大型 IT 软件项目中担任主要角色，需要为业务部门敏捷交付可用的技术和产品（见表 4–3）。

表 4–3　ITBP 的工作内容及要求

工作内容	要求
数据	对敏捷营销项目中设计的数据进行提取，读取数据并进行优化；设计数据清理及分发的基础架构；支持营销归因模型、设备归因等数据建模工作
软件	充分理解数据分析师的数据提取需求，参与三人小队的业务讨论，对项目的发展进程了如指掌，并在关键时候主导引入 IT 部门、外部软件供应商资源，更高效地推进项目流程

建立 IT 业务伙伴体系是培养敏捷营销能力的要点。数据分析师作为“营销业务支持伙伴”从属于市场部门，将业务线直接汇报给市场，并间接受到首席信息官或首席数据官的管辖。

敏捷营销时代，企业竞争优势的核心在于：围绕用户数据快速产生洞见。其中，首席信息官负责快速捕捉敏感信息，首席营销官负责从信息中心提取有价值的预判。

当企业自有的技术能力能够赋能营销部门、营销人员，使其对于数据提取的需求不再需要进行跨部门的沟通时，敏捷营销能力的构建就完成了。

敏捷营销人才的招聘与培训

企业在招聘具有敏捷营销能力的人员时，要深刻地意识到，工作方式的改变，使过去招聘职业经理人的方式不再可行。因为敏捷营销人员除了应具备硬技能（Python 数据分析、Martech 的使用，这些技能可以在工作中边干边学），还要着力提升 6 项软技能 SCRDFC，即自我激励（Self-motivated）、创造与勇气（Creative & Bold）、结果导向（Result-Oriented）、数据思维（Data mindset）、快速学习能力（Fast Learning）、跨部门资源优化能力（Cross-Function Optimizing）。

此外，企业在招聘时需要重点考查营销人员以下 6 个方面的内容。

（1）自我激励能力。缺少上下级关系后，每一位敏捷营销人员都不会被“指派”任务。如何为营销创造价值、制定投放策略、与代理商沟通、与产品部门或制造厂商交流……大多数工作全权由营销人员自己决定，因此营销人员的自我激励能力至关重要。

（2）打破常规的勇气。特别是从传统的 4A 公司或者渠道为王的企业转型成为敏捷营销小队的成员后，他们需要突破既有的工作流程，对所谓新型媒体形式和新兴消费者感到好奇。

（3）结果导向，而不是过程导向。因为敏捷营销小组甚至整个部门中都不存在上下级关系，而且没有所谓项目经理这一固定岗位，那么那些能够尝试新的工作组合、新挑战的敏捷营销人员将用实际产出证明自己的工作价值。

（4）数据思维。不强调每个人都拥有超群的数据分析能力，但需要有用数据说话的思维，能够快速通过数据提取有效信息，并指导下一步的行动。高阶的数据分析师不仅能够快速找到异常数据产生的原因，还能够通过数据趋势进行预测，最大限度地降低试错成本。

（5）学习能力。是否具备丰富的行业经验不是关键，敏捷营销更加强调从错误中快速学习后迭代。团队中的数据分析师可以是刚从大学毕业的统计学研究生，商业分析师可以由商务拓展（BD）、渠道经理或行业战略顾问这样的角色转型而来，ITBP 则需要由具备很强的数据挖掘和分析能力的软件工程师或数据科学家担任，他们不需要具有很强的业务经验，但要有高于平均水平的学习能力。

（6）沟通能力。敏捷营销小组成员因为需要调动更多的跨部门资源，所以他们需要更广的业务影响面，他需要将微信公众号上的一条评论反馈到产品研发部门某一个产品经理手上，并尝试说服他以此为方向优化迭代产品。在组织架构还没有调整完成时，这个沟通过程可能繁杂而混乱。这要求三人小队中的每一个人都时刻保持高效的沟通。

在招聘这类人才时，企业可以参考谷歌或微软等硅谷科技巨头，通过一些脑筋急转弯问题测试IQ，以及面试午餐的方法。但是我更推荐以合作的方式与对方签约4 ~ 8周，并让内部员工对其进行“督导”，双方可以随时终止合同，并且候选人无须从现公司离职，在业余时间参与真实的项目即可。

原因是太多面试时表现出色的候选人，在实际工作中却表现得令人失望。不像过去仅在目标院校的毕业生中依照相关职业经验开始招聘，在共同项目中的合作可以更好地看出候选人的自我激励程度、是否以结果为导向、沟通能力如何等无法在面试中很好地展现的指标。超级细胞公司作为全球人均产值最高的公司之一（人均产值1300万美元），其每一名员工在入职之前都需要通过CEO的面试，这个过程往往超过3个月；但是这名员工一旦入职，超级细胞公司将给予其完全的信任。如果新来的市场营销人员想在上海外滩买下一块广告牌做宣传，他甚至不用向总部申请预算，只需要邮件报备便可以启动采购流程。当然，他最后需要汇报这块广告牌的投入产出比，但是没有了烦琐的审批流程，敏捷营销部门可以更快地试错。更有趣的是，超级细胞公司的办公室中会常备香槟，每当一款创新的游戏或功能被证明无法被大众喜爱、要被砍掉时，公司不仅不责怪团队的决策，反而是让员工聚集在视频前，一起开一瓶香槟以示庆祝。这种对“失败”近乎狂热的态度为公司营造了一种鼓励试错的氛围。

如何评价敏捷营销人员的定位？

因为有了更好的营销技术栈、获取用户反馈的机制以及更长的跨部门触角，敏捷营销人员在公司的定位更像产品经理，通过营销技术栈获得数据反馈、消费者需求，确立优先级，推进研发部门的产品研发流程，与渠道商合作推行试用产品；在数据开始正向反馈时，通过广告将产品推广出去。

我们在互联网行业评价一个产品经理时，会采用安德森·霍洛维茨（Andreessen Horowitz）描述优秀的产品经理和不合格的产品经理的区别时的观点。我在安德森的基础上做了一些修改，于是有了以下关于优秀的营销人员与不合格的营销人员的区别（见表 4-4）。

表 4-4　优秀的营销人员与不合格的营销人员的区别

优秀的营销人员	不合格的营销人员
企业的利益相关者，持续帮助企业扩大市场占有率；了解公司、收入资金、市场竞争等相关信息	被动接受信息，他们希望别人告诉他们每一步应该怎么做
为做出的所有错误决策负责，营销活动成功时归功于团队	将营销的失败归咎于产品不好、渠道不支持、研发有问题、没有好的战略方向；成功时好大喜功
会对消费者的重点需求反馈进行书面记录，让信息在团队之间自由流动，营造更加透明的团队氛围	信息黑洞。进行跨部门重要沟通时没有书面记录，在项目失败时表示“我早知道会失败”
会与产品研发人员更频繁地讨论如何将产品有价值地交付到市场上，了解在产品发布阶段如何获取市场份额，关注短期目标的同时不忘创造品牌价值才是第一要务	过度关注产品促销及渠道销售带来的短期收入增长，忽略品牌价值增长的长期建设
准时发送周报，因为他们知道在关键节点汇报的重要性	经常忘记发送周报，因为他们缺乏纪律性
关注点永远在如何给消费者创造更好的体验和产品上，不到万不得已，不轻易改变品牌在消费者心中的定位	过度关注竞品：它们又在什么新渠道上举办了活动、它们又有什么新产品了。总是在抱怨本企业产品定位有问题

（续表）

优秀的营销人员	不合格的营销人员
不会被繁杂的事务“吸干”，专注于发现问题、确立优先级，并授权其他部门、代理商解决问题	专注于“解决问题”，导致自己的工作时间被繁杂的事务性工作塞满，一到办公室就开始“救火”

营销人员通过大数据技术对外部流量池的用户进行细分，从而达到精准营销的目的；敏捷营销人员则通过对所有消费者的洞察实现敏捷营销的目的。优秀的敏捷营销团队与其他营销团队的最大区别在于对消费者需求的响应速度；优秀的营销人员与其他营销人员的最大区别则在于对需求的洞察与理解。

敏捷营销人员的激励与考核方式

激励方式

除了按照公司统一标准发放的基本工资和绩效奖金，企业对敏捷营销人员可采取的有效激励方式还有项目收益分成。项目收益分成根据各人的价值贡献和项目团队反馈进行。此外，公司会为项目组内表现优异的组员提供更多的职业发展和能力提升机会（如内部轮岗或到集团总部、其他兄弟企业轮岗等）。

此外，项目组还具备以下权限：

- 可自主决定包括市场拓展、产品定型、客户开发、生产计划及定价促销等产品的设计及运营战略；

- 可自主决定分红奖金包具体如何分配；
- 可以对内对外自主招募有能力的人才，而小组成员有权在项目阶段性结束时选择离开小组回到原来的岗位。

考核方式

成功的敏捷营销管理人员将为下属建立清晰的品牌愿景，就像军队指挥官为其下属建立清晰的军事意图一样。这种方式允许下属在紧急情况下（即使没有接到直接命令）也能够基于品牌愿景迅速决策。

营销部门的工作成功与否，应该以公司愿景的实现程度为衡量标准。何为愿景？我们引用《一流服务一流员工》的作者阿里·维恩兹威格（Ari Weinzweig）的定义。

> 愿景是对项目在未来某个特定时间获得成功的信念。愿景不是使命宣言。我们把“愿景”视作“北极星”，我们为此承诺终身追求，永不停歇地工作。愿景也不是战略计划，而是我们前行的地图。愿景是真正的目的地，它向我们生动地表述了“成功”的化名——我们能够取得的成就，以及它对我们员工的影响。

对敏捷营销人员的考核将不再基于自上而下制定的个人KPI或团队KPI，营销部门主管心里想的也不应该是“如何优雅地花完今年的2000万元预算”。

敏捷营销人员不应该将营销预算视为业绩压力，而应该通过广告预算的消耗，帮助消费者创造产品之外的体验和形象。

就像IT、财务、产品研发的资源一样，他们可以按某个具体业务场景需求安排预算。比如同样是传播一段公益广告，是否一定要大规模地投放于视频平台和应用开屏？如何用更低的成本，实现同样的传播效果，完成消费者触达行动？你可能会说，从哪里找这样优质的媒体和广告资源？即使能找到，通常也与营销活动期限不匹配。说得没错，但在互联网时代，你永远不知道在什么时候会突然出现一个像直播电商、抖音这样的媒体价格洼地、价值高地，你也不知道消费者的注意力会突然被什么样的媒体吸引。

敏捷营销人员需要做的就是，时刻对市场上新型媒体的兴起和变动保持高度敏感，在发现机会时，做出假设，快速试错。扩大营销预算并使其成为撬起庞大市场份额增长杠杆的，一定不是大家都知道的媒体投放、大家都认可的主流商圈、大家都在使用的用户调研模式、已经被市场广泛认可的差异化定位，而是敏捷营销小团队不断进行的新品研发、营销模式创新、新型媒体投放、差异化选址等一系列与营销相关的活动。

所以对营销人员的考核，不应该完全基于项目成功与否或实验的成功概率，而应该基于参与完成的实验的次数。

同时，更高层次的考核应该基于对实现公司愿景的贡献程度。这里，我引用前文阿里·维恩兹威格对愿景的定义，也是大部分互联网公司在衡量愿景时喜欢使用的北极星指标。这一指标不仅直接体现了对客户创造的价值，也与公司的收入直接挂钩，但它又不是直接的收入目标。

比如脸书的北极星指标就是其用户的在线时长，这一数据反映了脸书帮助用户与其他人建立了更多的联结，而因为用户在脸书上刷了更多的信息流，脸书的广告收入也会增长。

再如爱彼迎的北极星指标是用户完成预订的房间总数，这一数据反映了更多的旅客可以在当地找到房子住，房东也能从房客端获得更高的收入，而爱彼迎也可以赚取每笔交易额的 10% 的收益。需要注意的是，北极星指标不能是直接销售额、系统出错率或纯粹的营销预算 ROI，因为这些指标不能直接为消费者和客户带来价值。

最高效的敏捷营销人员在北极星指标的指引下，需要时刻考虑的是“全局最优解”，而不是个人或部门的最优解。制定这个指标之前，企业应明确地知道，对客户来讲，公司的产品或服务最核心的价值是什么，而不是一味地思考如何获得更高的财务回报。一个信用卡营销部门的北极星指标如果被制定为循环利息总量，那么这对它的用户来说是灾难性的，因为他们会发现自己无论如何都找不到那个“还款”按钮。

部分行业可以参照的北极星指标列举如表 4–5 所示。

表 4–5　部分行业北极星指标示例

行业	北极星指标
SaaS 软件	客户续签的合同金额、净推荐值
母婴行业	用户生命周期价值
航空业	单个用户飞行的平均里程数
垂直品类专卖店	所有消费者进店的总时长
知识付费	音频 / 视频被播放的总时长
汽车（含 OTA）	车主的行车总里程

所有营销方式的革新都是为了提高用户生命周期价值，一切广告模式的革新都是为了以更低的成本获取用户。如图 4-5 所示，在北极星指标下，对经理级别进行考核的核心指标是用户生命周期价值（LTV）和用户获取成本（CAC）。经理级别的人员需要延长消费者生命周期，对市场环境保持敏感度，帮助团队快速尝试新的红利媒体和消费者触达方式。他们是整个营销环节的纽带，通过管理联系一个个小的营销活动，对核心指标进行监控，对用户生命周期价值和用户获取成本不断提出优化建议。

一线人员负责更小型项目的执行工作，且这些项目都不以成功与否为考核目标，一支优秀的敏捷营销团队应该具有更强的全局观。与之直接关联的不只是每一个敏捷营销项目的投入产出比，还有通过用户的数据反馈推进产品优化所带来的业务增长，以及通过流失用户唤醒更加细化的指标。

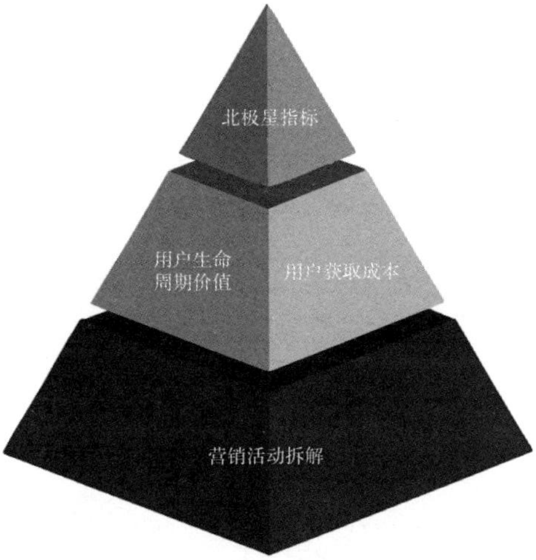

图 4-5　北极星指标下的用户生命周期价值和用户获取成本

例如，在某个电商平台提升整体成交金额的项目中，对项目的贡献率可以通过以下关键节点进行考查。

社交媒体上获取10万个用户：通过社交媒体上KOL的试用体验及优惠券吸引更多的注册用户。

购买转化率提升2%：为了把这些尝鲜用户转化为付费用户，敏捷营销人员需要做大量的数据分析，包括一段时间内新用户与产品的匹配程度、支付流程流失的人群再召回、简化支付流程等。

用户分享率提高至0.7：建立更好的用户参与社区，优化现有的分享机制，比如将“分享后自己可得旅游基金”的利己模式转变为赠送朋友礼物的模式，测试转化效果是否改善。

第五章　方法论

很多人忽视了方法论和工作内容的重要性。事实上，一个创新方法论和工作方式的广泛应用可以帮助一家企业建立长达数十年的竞争优势。当欧洲的汽车制造商还在人工造车时，福特于 1913 年创新性地采用了流水线式汽车组装工序，制造出价格更低且更实用的汽车。从那以后，福特汽车横扫欧洲，美国被誉为“车轮上的国家”。这一称号和领先优势保持了半个多世纪，直到 20 世纪 70 年代，日本丰田率先采用了精益管理，通过看板管理和鼓励创新的方式，激发了流水线工人的工作热情和创新精神。这种方法后来被半导体制造等核心制造业广泛采用，日本的芯片、存储器、汽车等几乎所有工业领域都能够在全世界范围内提供价格更低、质量相同甚至更好的产品，日本经济由此迎来了 20 多年的腾飞。对营销来说，行业发展日新月异，不论是营销方式还是辅助技术都在快速发展和迭代，如果企业的营销部门还采用与之前一样的工作方式开展营销活动，将不可避免地被市场抛弃。

市场营销部门的职能转型

市场营销人员的当务之急是摒弃低效的工作内容，聚焦高价值的工作产出。

市场营销人员的工作被大量重复的事务性工作填满，这耗费了大量的人力和资源。营销技术的出现将简化很多市场营销人员的工作，甚至将这些工作自动化。这样，市场营销人员就可以解放双手，将时间分配给更有战略价值的工作。

我们要区分市场部的两类工作内容。

第一类是重复的事务性工作，包括整理投放媒体数据，制作 Excel，与代理商进行日常沟通并跟进 KPI 完成情况，准备年度营销活动，进行媒体的排期和素材审核。

第二类是有价值的战略性工作，包括梳理客户旅程，对客户反馈做出快速响应，基于历史数据进行销量、投放、市场预测，配置自动化营销策略，分析活动反馈数据并制定迭代方案等。

重复的事务性工作强调获取与执行，需要从不同的渠道拿到历史数据、调研结果并做成报表；除此之外，传统营销人员关注的焦点是每年市场预算最高的 1 ～ 2 个营销活动，并力求在执行时做到完美。

有价值的战略性工作强调预测与优化，因为营销技术栈协助完成了绝大部分信息、数据的获取及报表工作。敏捷营销人员不再被要求一开始便生成可以拿奖的视频或文案，他们可以把更多的时间分配在快速生成营销活动上，通过数据反馈产生洞见，辅助算法进行预测，再通过每一次营销活动的数据反馈不断迭代优化。

微软公司给我们提供了有趣的案例。

为了让更多的 IT 专业人员在安全培训上对微软软件和解决方案保持较高的忠诚度，微软计划为 5 万名 IT 专业人员提供免费培训。这不仅能大大提高微软在企业安全领域解决方案的品牌影响力，更重要的是，能够提高重大相关采购的忠诚度。

微软在媒体上投放了大量广告，并将“免费”一词作为所有广告语的核心。[①] 这一系列广告很快在网上取得了 3400 万次广告浏览和比较可观的 1% 的点击率（脸书的平均点击率为 0.5%），遗憾的是，第一周结束，仅有 439 人登记了免费培训。十万分之一的转化率对于市场部门可不是什么好消息。

第一周的点击率很高而转化率很低，活动的数据告诉市场部门，问题出在了落地页上。营销人员通过热力图等分析工具，发现进入落地页的访客在划过带有“免费”字样的模块后，跳出率是行业均值的 1.5 倍。

于是微软当机立断，将所有落地页进行召回并暂停了广告投放，重新设计了落地页的主要文案，最后发现，“免费”这一关键词在前端吸引目标客群时的漏斗表现好，即点击率高，但是对最后转化广告回报率（ROAS）的贡献却恰恰相反。对这些 IT 工程师来说，他们的时间更宝贵，微软认证证书对他们以后提升薪酬的诱惑力远远大于免费课程，所以更好的价值主张是微软认证证书。

① 该案例反映了微软当时的广告策略，但根据《中华人民共和国广告法》，“免费”一词须慎用。——编者注

短短一个星期的数据反馈，就为微软节省了上百万美元的广告费。

有价值的战略性工作强调预测与优化，这与之前的营销工作有何区别？

我们以创建“用户旅程”为例。

在传统营销中，我们经常听到的对话可能是这样的。

首席营销官问道：“你花了两个月绘制出来的用户旅程，是如何预测用户会在这个时间点购买 III 段奶粉的呢？”

“其实我们并没有做任何调查。”

“等一下，你的意思是你并没有做过任何市场调研？”

“是的，大家不都是这样想出来的吗？”

必须澄清一点，绘制用户旅程的人不应该是营销人员，而应该是用户自己。敏捷营销人员要做的是用数据追踪用户自己走过的用户旅程。但是正如之前说的，营销不是完全的艺术，如果完全由用户自己为自己绘制用户旅程，可能会阻碍产品的商业化进程。营销人员要做的是在用户踏平草地之前稍加引导，让用户至少能够经过营销人员精心设计过的亭台小苑。

敏捷营销转型的前三个月

相比很多企业在数字化转型的前期喜欢进行大刀阔斧的改革，搭建庞大的业务中台，敏捷营销更加强调以最小可行性的方案，一步步缩短关键流程所需的时间，逐步共享核心客户数据，完成与消费者和客户更频繁的交流。

美国客户名录公司ThomasNet的技术营销和商业智能总监布莱恩·马卡斯（Brian Makas）发现，他们的销售代表和支持团队使用Excel电子表格周报协调工作。他立刻决定抛弃这一效率低下、耗时费力的流程，改为利用CRM系统查看实时情况。只花了一周的时间，公司就初步实现了流程再造。

字节跳动也许是中国最敏捷的公司。虽然成立不久，但其旗下的产品线已经囊括了今日头条、抖音等受众非常广泛的应用，而在今日头条这一款产品获得成功之前，张一鸣的团队已经在几十款产品上失败了。

我采访了字节跳动消费者数据中心和智能营销中台的产品负责人，他们主导搭建了字节跳动内部（包括抖音、今日头条、TikTok等）核心产品的消费者数据中心和智能营销中台，不仅将集团内的消费者进行集中管理，还整合了集团的物料制作中心、权益管理系统及短信、推送触达方式等。

字节跳动的智能营销中台建设分为以下三个阶段：

- 整合私域流量，构建成本极低的用户触达方式；
- 底层消费者数据归因；
- 垂直细分应用场景切入。

值得一提的是，与生产消费品的传统企业不同，字节跳动产品的用户本身就是全数字化的，用户与产品的交互都在线上进行，可以用统计软件记录。

但是像银行这样的传统企业，其获客途径有线下渠道、呼叫中心及广告投放等。客户数据分散在线上线下不同的渠道，十分割裂。

对传统企业来说，对数据进行归因和管理就是一项任务繁重的工作。撇开时间和人员成本，在中国这个数据庞大的环境中，要想跨越腾讯、今日头条、百度等几个巨头在线上实现顺利归因基本上是不可能的事情，更不要提线下渠道。在过去的项目中，我们经常发现订单中心得来的消费者数据和小程序商城给出的OpenID[①]以及广告回传的IMEI号，这三种消费者数据的匹配率不足10%。对营销人员来说，这个消息无疑是令人沮丧的。

要想解决这个问题，可以参考敏捷营销强调的最低成本试错，即与其要求将全域的数据打通，不如先思考数据打通的意义是什么。也许是构建用户旅程，然后呢？不就是降低影响消费者决策的营销成本吗？

为什么我们不能从漏斗的一个节点切入，先将两端的数据打通，然后去优化一个小的营销漏斗节点呢？比如，为什么我在微信中投放广告但商城中的转化率不高？要解决这个问题，我只需要将微信的OpenID和CRM里的手机号打通，并将这个小项目分为以下三个阶段。

第一阶段：整合所有端的数据和所有用户触达方式，生成统一的用户归因。

我们可以打通从百度统计、CRM购买和用户运营平台中得到的数据，这样就能够知道谁在百度搜索了哪个关键词而进入了网站，以及用

① 开放式认证系统，一种用于微信内部归因分析用户的设备号标识符。

户在主页或产品内部试用时的哪个节点流失了、哪个节点转化了。

第二阶段：开始梳理整个用户旅程，并对可优化的关键点进行管理。

开始头脑风暴进行假设，找出用户旅程中所有可优化的节点的潜在优化点。集中进行可视化管理，定出排优先级的标准。

第三阶段：开始测试，跑通微信商城内的第一个敏捷营销活动。

衡量敏捷营销转型成果的指标

2019 年，营销战略公司 CMG Partners 发布了一项名为“敏捷的优势”的定性调查，研究首席营销人员的角色和责任评估。网络编辑珍妮弗·鲁尼（Jennifer Rooney）在博客中提到，93% 的首席营销官在进行敏捷营销后发现，他们从营销点子、营销活动策划到产品迭代的整个流程的速度都有所提升。

除了速度，当敏捷营销的转型落在实处时，管理层应该有哪些量化指标上的期待？我们可以通过消费者的业务指标、营销敏捷度和人效监控敏捷营销转型的成果。

业务指标

若北极星指标、核心业务没有增长，所有的转型都是空谈。

管理者要能基于更深层次的、以用户为中心搭建的报表看到所有营销的进程和反馈，使营销活动开始真正靠近核心业务指标（北极星指标）。

营销敏捷度

- 营销活动从想法到落地到数据回收的周期是否缩短？
- 营销点子落地执行的周期是否缩短？我是否还需要花 1 个月的时间打磨一个落地页？
- 我能否更快地响应市场的变化？当新的（诸如直播）流量获取方式和营销方式出现时，我能否比同行更快、更低成本地完成测试？
- 市场端的反馈能不能加快产品研发、迭代的速度和频率？过去一年一次的迭代能否缩短到一个季度，甚至两周？
- 每年（每季度）营销活动的次数是否增加？
-

人效

- 营销团队的效率通常体现在人均有效管理营销预算、整体 ROI、人均参与的营销活动。
- 帮助营销团队聚焦真正有价值的工作和产品价值交付，这样，我们就能看到用户黏性有显著的提升。
- 因为每个人都能够清晰地看到自己参与的营销实验的结果和自己对团队的贡献，所以团队士气大涨。

第六章　工作内容

敏捷营销团队每天的待办事项

为了聚焦高价值工作，敏捷营销人员每天 / 每周的待办事项有哪些呢？敏捷营销人员每天主要有 4 类待办事项。

- 数据和归因：收集数据，完成消费者数据的归因和数据工程，搭建报表，为敏捷营销提供数据反馈和迭代基础。
- 触达和传播：将触点的建设从“取悦陌生人”模式调整为低成本地提供个性化信息，并将多个渠道的触点整合，通过刻画的用户旅程进行集中的自动化管理。
- 创意和内容：重新思考内容与创意在营销中的作用。与其投入大量财力与 4A 公司合作制作一个精美的广告片，敏捷营销人员更愿意使内容与创意制作的模式更加贴合如今的消费者触点。
- 测试：通过 A/B 测试数据、内容和触点完成消费者关系的建立，通过消费者运营维护增加与消费者关系的黏性。

数据和归因

过去营销人员分析最多的数据是与商品相关的数据。数字营销时代，比起分析商品的进销存与销售数据，对营销人员来说，更重要的是分析消费者数据，以便第一时间洞察消费者经常关注的媒体、对卖点的反应、对产品使用情况的反馈等。消费者数据包含以下几种。

（1）行为数据

行为数据一般是指消费者在还没有与企业产生交易行为时，在媒体端对企业投放的广告表示感兴趣的广告点击行为、在商品展示平台的浏览，以及对品牌进行搜索的数据，当然也包括使用产品后对品牌或产品本身的评价。

（2）购物数据

从某种意义上讲，购物数据也是行为数据，但是因为其分析方法、应用场景与行为数据不尽相同，所以将其从行为数据中区分出来。购物数据的主要维度包含上次购买的时间、一段时间内购买的频次及购买的总金额。

当我们将行为数据和购物数据归因合并起来以后，可以得到整个销售漏斗中消费者的完整生命周期，这也是上文提到的用户旅程。通过对销售漏斗各个环节的流失分析，我们可以优化整体漏斗的销售转化率，从而在不扩大第一层销售漏斗的规模（广告投放）的前提下，提高消费者生命周期的价值。

为了精准识别消费者自己走过的用户旅程，广告主需要知道数据，如在抖音开屏点击了自己广告的人、在官网浏览了自己最新款粉底液的人和最后在天猫商城将同款粉底液加入购物车的人，“她们”是不是同一个人。这中间涉及ID映射和跨屏打通等技术问题，需要SaaS产品或者IT部门予以协助，而不同平台的数据口径和营销归因模型中的时间衰减因子等问题则需要懂数据的业务人员协助确定数据模型。

也许你有CRM的数据，并且由一个特定的CRM管理小组运营；也许你在非关系型数据库（NoSQL）中储存着用户设备号，你时不时会把这些设备号捞出来发短信。但是，这些数据对你来说还是成本，如果你还试图在这些数据上进行没有业务目标的分析，甚至通过外部采买标签的形式“补充数据”，那就是在成本之上徒增成本。

对敏捷营销人员来说，唯一能用的数据是产生了连接的数据。ITBP与营销人员协同的第一项任务就是进行多营销渠道的数据汇总和归因。

测试期分为三个阶段：流程测试期、数据反馈测试期、监控指标稳定期。在流程测试期，敏捷营销人员要以消费者或渠道供应商的身份去测试所有流程，从测试广告投放的广告位点击进入小程序页面，要确保所有流程均不会在流量或投放量激增的时候崩溃。数据反馈期强调数据分析师与ITBP的联动，二者的合作就像钻到数据金矿中的矿工和在矿井外等待着对原材料进行加工的矿物冶炼师，他们要通力确保采集上来的金矿是可以被加工的以及加工完的材料是能够卖出去的（是有业务价值的）。在测试期的最后，敏捷营销人员会用整体预算的

2% ~ 10% 去进行小规模的线上广告投放 + 线下销售团队的社区推广，并用可监控的落地页进行承接。数据分析师需要在 ITBP 的配合下对这些回传数据进行筛选、分析，再对测试阶段的数据进行总结性汇报，包括不同渠道投放效果的对比，不同区域、年龄、性别的消费者对活动的响应程度等。这些测试数据的报告将会作为扩大测试规模和范围的重要参考。

1. 数据归因

营销结果归因对于营销人员的重要性不言而喻。因为如果你不知道获取一个用户的成本以及它的产出，那么你根本不会知道何时应该开始投放、在哪个渠道应该增加投放，以及哪些广告位虽然给你带来很大的曝光量，但是对销售根本没有起到任何帮助。

这里需要注意的是，由于移动大数据公司、媒体和 CRM 等平台的数据因为维度不一样，即使在大数据时代，数据归因的时候也依然会有一定的耗损。

归因方法有很多，常用的有以下 6 种。

（1）首次点击归因（First Click Attribution）

首次点击归因是指将所有来自销售的收入归于客户第一次点击的广告。首次点击归因能告诉你，你的哪些活动最能引起客户的关注和流量。该方法一般用于需要建立更高品牌连接度的行业，比如 To B 行业。

（2）末次点击归因（Last Click Attribution）

在末次点击归因模型中，所有销售收入都归于客户在购买之前与品牌进行交互的最后一个关键词。该方法一般用于点击广告可以直接促成销售的行业，如电商和航旅行业。

（3）线性归因（Linear Attribution）

所有的销售收入被平均地归于营销节点的所有接触点。该方法一般适用于没有特殊偏好及以线下投放为主的广告主。

（4）时间衰减归因（Time Decay Attribution）

销售收入被分配到所有营销接触点上，但是最近的接触点比之前的接触点获得了更高的归因贡献度。该方法一般被用于决策周期极短的行业，如餐饮业等。

（5）U 型归因（U–Shape Attribution）

U 型归因优先考虑访问者的最初和最终渠道接触点，一般来讲，分配给首次点击和最终点击的归因贡献度各占 40%，其余 20% 会在其他接触点之间平均分配。该方法一般用于同时在乎品牌曝光和转化的广告主，比如汽车行业。

（6）最终非直接点击归因模型（Last Non–direct Click Attribution）

最终非直接点击归因模型会将功劳归于不是直接点击的最后一个来源。假设某人点击了企业展示的广告，但没有获得转化。第二天，他输入企业的网址，浏览企业网站，然后购买企业的产品。在这种情况下，展示广告会获得最高的归因贡献度。这个归因模型能够很好地避免将自然流量（那些无论如何都决定要买企业产品的客户）的购买归因到营销团队中。

按数字媒体渠道区分的常见的归因方法如表 6–1 所示。

表 6-1　数字媒体渠道及常见的归因方法

数字媒体渠道	归因方法
搜索 SEO/SEM[①]	Cookie
信息流广告（腾讯、头条、快手等）	回传设备号 回传链接码
电商平台（淘宝、京东、天猫）	站内归因 （点击广告、店铺访问、加购、购买、生命周期购买价值）
KOL（微博、小红书）	KOL 专属促销码
社交裂变（微信小程序商城）	分享人专属码（由独立建站网站生成）
短信	短链归因（每批短信专属归因的 URL 码）

2. 搭建报表

“如果你无法衡量，你就无法提高。”

——彼得·德鲁克

一直以来，营销人员可能都低估了业务报表或数据可视化的重要性。

数据可视化的本质是将互不相关的数据通过方法论、时间序列、对比进行展现，从而获得洞见的生产方式。

1854 年伦敦爆发霍乱，短时间内数百人为此丧命。那时的人们并不知道霍乱的传播机理，没有细菌的概念，还以为是因为吸入了雾霾，

① 通过对搜索引擎的关键字进行流量采买或页面优化以达到引流效果的数字营销手段，后文会有详述。——编者注

于是他们认为，既然是吸霾所致，就只能听天由命。有一个叫约翰·斯诺（John Snow）的医生开始对吸霾论表示怀疑，他认为更大的可能是水里有毒。斯诺医生明察暗访，收集了大量死者的死亡位置数据，他用数据可视化的原理，把所有的点数据都投射到了伦敦地图之上，并把伦敦的 7 个主要水泵的位置用“X”做了标记。

数据可视化让一些原本扑朔迷离的关联变得明朗。斯诺医生发现，大量死者生活在城中心的宽街（Broad Street）周围，而宽街上正好设有该区域内唯一的水泵。洞悉真相的斯诺医生赶紧通知政府关掉了那个水泵，疫情很快就被遏制了，万千苍生幸免于难。

对企业来说，报表就是那个能够第一时间反映挑战和市场机会的可视化解决方案。

一些企业面临“冰山碰撞”的挑战，即企业服务的消费者有一大部分是处在海平面下沉默的多数人，企业能够看到的只有海平面之上的竞争对手和能够接触到的核心客户，但是变革通常发生在冰山之下。对企业来说，这些看得见的都是企业的核心大客户，服务好他们，毫无疑问可以为企业带来更持久的利润，即可达到业务部门的 KPI。但随着企业追求利润的步伐加快，它们开始过度地服务海平面之上的客户，解决方案也变得越来越复杂，于是海平面升高了，藏在海平面之下的沉默的大多数开始不断累积，他们的需求没有办法被企业听见，于是引发了沉默的客户的不满；同时，因为企业过于冗杂的解决方案，浮在海面上的大客户也开始抱怨企业的定价过高，缺乏性价比，正如前文提到的 4A 公司的困境。也许短时间内不会出现核心指标萎缩的状况，买卖双方相安无事，但是隐藏在风平浪静的海平面之下的巨大危险是，一艘潜水艇向企业的客户冰山驶来，他们带着更便宜的物资和更简洁的解决方案，袭向这座庞大的冰山，在毫不知情的情况下，企业将失去自己的客户（见图 6-1）。

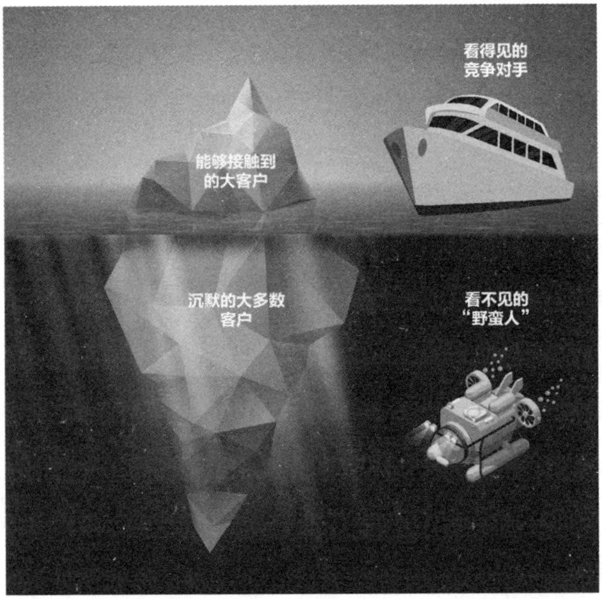

图 6-1　冰山碰撞理论

以柯达相机为例，其核心产品胶片相机因其低廉的售价和用户友好的操作曾风靡一时，独领风骚。彼时它的竞争对手是佳能和尼康，是两艘在海平面上、可以被看见的船。它的客户群体就是图中的冰山。随着产品的逐渐完善，柯达开始开发越来越多冗杂的功能，尝试服务那些它能够接触到的、与它的产品研发部门关系更紧密的胶片机发烧友和专业的企业端客户，这些客户为柯达带来了丰厚的利润，他们就是冰山之上的客户。这些客户被过度服务，同时产品也变得冗杂不堪，对新手极其不友好。因此，海平面升高，越来越多的客户需求开始被有意识地忘记，他们慢慢变得不满。这时，一家叫苹果的手机厂家发现了触屏技术和数码相机，是的，苹果并不是这两项技术的发明者，乔布斯只是将其集成在了一个电子产品——智能手机中。这个智能手机简单易用，就像当初的柯达一样，解决了冰山下的客户的广泛需求，市场开始进入数码相机时代。柯达相机想要转型时，发现自己的 KPI、业务、文化都是为生产更好的胶片相机而生的，于是只能眼睁睁地看着这个门口的野蛮人同完成数码相机转型的佳能和尼康一起，将自己的市场份额迅速蚕食，具有讽刺意味的是，它们使用的就是柯达实验室自己研发的技术。

市场千变万化。当马路对面的糖果快消品公司开始用社交拼团的方式在小程序上引导粉丝留下时，你需要做的并不是召集营销部门的高管开会讨论是否要做“社交拼团”。当传统营销团队还在浪费时间在会议室中讨论品牌调性与“社交拼团”是否一致时，敏捷营销团队已经组建了三人小队开始为该营销创意的可行性规划测试流程。

商业分析师会在最短的时间内解构“社交拼团”的业务流程，并快速整合公司可用的营销物料，确定促销预算、与渠道部门提前报备等事宜；与此同时，ITBP 已经开始了小程序 H5 页面的搭建工作，并将之对接到公司信息架构中的支付、会员管理、渠道管理、营销看板等技术模块；数据分析师将对页面原型出具埋点方案，并开始梳理业务流程，收集数据的监测指标。这个第一次合作的团队，在营销技术栈完备和具有高度协同力的组织文化中，将在 2 ～ 3 个工作日内完成所有的准备工作，并开始准备敏捷迭代流程。

通过广告投放、促销活动的数据反馈，我们可以分析出不同人群对营销活动的响应程度，这是消费者切切实实告诉你的，它与营销人员在各种头脑风暴中臆想出来的用户旅程截然不同。

与传统营销不一样的是，敏捷营销人员需要做的只是在关键节点进行数据埋点，剩下的交给数据和报表就可以了。

企业在选择购买数据可视化、监控或商业智能分析工具时，除了要考虑和定义当下最紧急、重要的需求是什么，还要通过可视化和搭建报表的方式进行分析，用信号提示高层。

（1）指导产品研发方向（海平面上的冰山）

一般企业在多次重度的产品研发失败后（不管是产品本身还是营销的失败），都应该考虑产品研发和迭代的过程中是否缺少了有价值的数据支撑。你有什么数据证明我的产品能够被消费者喜欢呢？是否有类似的产品已经卖得比较好了？如果是电商，我能否通过爬虫获得这些数据？如果我做出决策，我如何降低试错成本？以最小可行产品（MVP）的形式迅速测试，收集市场反馈即可。在决定最开始的 MVP 时，需要考虑以下问题。能否通过最直观的实时数据找到大方向？在产品往后的迭代过程中能否挖掘消费者使用产品的不同场景，以及没有过多三方机构干预的最真实的数据？与消费者的链接有没有被中间渠道切断？如果被切断，通过什么方式重新获得消费者的反馈？

（2）竞争环境分析（海平面上的游艇）

对于已经建立了竞争优势的企业来说，其焦点在于如何稳扎稳打、守住领先地位，防止有挑战者挑战自身地位。在大量已经验证可行的渠道和媒体投放策略之外，企业要考虑如何通过竞品的营销和广告数据知道它们在什么媒体上投放较长一段时间。一般来说，这意味着它们在这个新媒体上取得了一定的成绩，企业要做的就是用小团队快速跟进，防止竞争者用成本更低的媒体渠道抢占市场份额。

（3）营销归因和渠道质量分析（海平面下消费者的变迁）

一定体量的公司和企业都会接触到销售公司的多个营销渠道。如何通过深度的归因，将营销预算在不同的渠道上进行最优配置，以实现营销效益最大化，这是企业要考虑的问题。在投放有数据反馈时，企业可以简单地通过将转化数据传给媒体进行归因。但当同一个客户在线上线下不同的触点接触过后才转化时，如何计算每个渠道带来的转化（付费）贡献度是核心问题。我们在前面已经提到了不同行业适用的归因模型，可以选一个最合适的模型作为模型优化的初始方法。

除此之外，一些大企业可能还涉及企业品牌形象监控、企业资源计划商品管理、前后端店铺和渠道销售数据打通等功能，这因每家企业的诉求不同而各有差异，我们在此不再展开。

至于冰山下的潜水艇，很多 CEO 声称自己能够及时发现这样的竞争对手，事实上并非如此。2011 年，马化腾问凯文 · 凯利（Kevin Kelly）："腾讯最大的敌人是谁？"凯文 · 凯利开玩笑说，这个问题价值 10 亿美元，即将消灭你的那个人，迄今还没有出现在你的"敌人名单"

上。而这也是冰山碰撞理论中的重要观点。

触达和传播

1. 广告传播——营销人员绕不开的营销模式

广告行业正在经历巨大的变革，不可否认的是，广告相关的媒介采买与创意制作在营销预算中占比不降反增。与市场部对代理商的要求变化了一样，消费者对广告的需求也在经历天翻地覆的改变。

因为投放的媒体没有实时的数据回传，即使资深的创意总监，也无法向客户证明哪个创意是好的，任何广告公司也不敢说这个创意一定有效。

从美国的麦迪逊大道时期一路走来，我们发现广告行业的变革似乎一直围绕媒体形式的变革而进行：1962 年开始，电视机的普及让广告行业迎来了连续 29 年的增长，平均增速高达 8.69%，同时期美国 GDP 的增长率只有 3.64%；步入互联网时代，人们花费更多的时间在门户网站、手机 App 等数字媒体上。

在策划营销活动时，我们要时刻记得，我们的目标是与消费者建立关系，我们是在通过广告向一位朋友交付他需要的价值。

在 2001 年发布的《敏捷宣言》中，敏捷强调将“价值交付”作为软件迭代的核心目标。相应地，敏捷营销向客户交付价值。营销人员通过触点传播的信息最终失败后，往往会归结于“产品力”不行，但事实是营销人员通过营销活动传播的价值没有完成对消费者的价值交付。广告不仅仅是将“我生产出来的产品有多好、与其他人的有什么不一样”

的信息广而告之。同时，具有真正传播性的广告也不仅仅是重复性、洗脑类的广告，这类广告充其量只是众多有传播意义的广告类型中的一种。敏捷营销人员需要了解所有能够通过广告和营销活动交付的价值，从而找出最符合产品特性的一种或几种传播形式。总的来说，通过触达消费者能够完成的价值交付有以下 4 点。

（1）社交货币

表达诉求、塑造形象的社交货币能够让你获得同事、家人、朋友的好评和点赞。

一个能够让消费者自发分享和点赞的传播内容，在付费媒体端也会有更好的表现。根据脸书的统计数据，超过半数被用户看到的广告为“高质量”广告。让用户关注的，不是广告背后某个有着千亿营销预算的营销巨头，也不是某个明星产品，而是广告本身。社交媒体广告的核心在于获得“点赞”“评论”“分享”，平台算法也会屏蔽那些被给予一段时间曝光后没有获得任何点赞、评论、分享的“垃圾广告”。

（2）情绪

好的广告帮助消费者表达和宣泄情绪，而不是利用情绪，就像朋友会在深夜互相倾诉一样。可口可乐 2015 年的一款广告将快乐和分享作为传播的基石：一个女大学生在自动贩卖机买可乐的时候，机器里不断弹出免费的新可乐，随着弹出的可乐越来越多，周围的人都围过来，女孩便与周围的人分享获得免费可乐的喜悦。

当然，借助负面情绪也可以达到同样的传播目的，比如女性护垫品牌 Always 通过一支“像女孩一样”的广告，采访了在采矿、格斗等女性不常出现的领域中的女性，展现她们受到的嘲笑和不公平待遇，引发讨论。这样的广告片让消费者能够通过分享，宣泄自己因平日遭受不公平待遇而产生的不满。在分享的过程中，用户潜意识中觉得这个品牌是一个懂我的朋友，这就是建立消费者关系的核心意义。

（3）实用价值

我愿意接受一个朋友为我提供的有偿服务，前提是这个朋友过去给我或我的朋友成功提供过类似的解决方案。消费者对于一个产品有实用价值的观点建立在周边产品的“评论管理”上。要想让消费者因为感受到了产品的实用价值而自发地分享，品牌要做的是收集其他人的评论，并把这些正面的分享告诉更多的人。此外，生产反映消费者痛点并提供解决方案的内容也是一种很好的实用价值宣传模式。比如直接面向消费者的品牌 Casper’s 通过诸如“哪一种睡眠姿势最适合你”“你到底需要睡多久”等与睡眠高度相关的文章，并在搜索引擎网站上购买相关的关键词检索，让用户在搜索相关文章的时候能够第一时间看到关于 Casper’s 的文章。这些文章为依靠流量存活的 Casper’s 带来了超过 22% 的自然流量。

（4）故事

企业应该用第一人称叙事，告诉消费者自己的故事。作为你的朋友，用户希望了解你的品牌和产品创造的故事，就像一对初次见面的男女，要想进一步发展，分享自己的故事是后续关系的基础。

2. 品牌广告还是效果广告

（1）品牌广告

尽管在前文中我们揭示了品牌广告低效的投放流程和不科学的决策流程，但是我们不能否定品牌广告的价值。

品牌广告的价值在于：创造需求，产生未来销售的投资。

我们去看这个世界上最有价值的品牌，如苹果、可口可乐等，它们之所以能够成为最有价值的公司，是因为它们“卖”的不只是一个品牌，还有消费者理想的生活方式。其提供的产品只是这个“故事”中的一部分，甚至不是最重要的部分。

苹果公司所处的消费电子行业门槛稍高，但苹果公司为什么能取得如今的成就呢？因为它讲了一个完整的故事。乔布斯在一次演讲中提到：“那些改变世界的人，就是那些疯狂到坚信自己能够改变的人。如果他们需要使用电脑，那将会是苹果。”

每个人内心改变世界的渴望都被苹果公司的广告所激发，人们将其与苹果公司建立联系。苹果公司围绕这个定位打造出“每个购买苹果的人，都是希望改变世界的人”这一口号。

而大部分品牌广告其实是将效果广告的内容投放在了无法归因的媒体上，比如在电视广告中对自己的产品特性大夸特夸。无能的市场营销部会因为转化效果不清晰或无法计算市场营销费用的投入产出比，而用品牌广告无法归因、需要长期投入作为挡箭牌。

塑造品牌与消费者理想的生活方式之间的纽带联系，说起来简单，但现实是，太多的品牌停留在甚至倒退至这道大门前。敏捷营销可以在效果广告中帮助品牌方快速找到能与消费者建立信用的媒体、卖点等。

（2）效果广告

首先我们需要知道效果，广告的定位不再是过去我们认知的“广告”，而是渠道。只是在这个渠道中，消费者从认知到最后购买的决策链路相对较短。效果广告只有一个目标：产生交易。

那么，消费者为什么要与你产生交易？

答案是信用。

效果广告的价值在于借助媒体和明星的信用，帮助企业建立产品和消费者之间的信用。当一个产品不为人所熟知时，企业需要做的是，想方设法让一个没有信用的品牌在消费者心中变得有信用，也就是使消费者相信自己购买的产品或服务会让自己真正获利。

过去企业增加信用“效率”最佳的方法是借助权威大众媒体和知名明星的力量，也就是请明星出演广告并在较多的人收看的电视台投放广告，这会引导消费者建立这样的认知：这个明星这么有名，不可能代言一个不好的产品；能在这个电视台投放广告的品牌应该不会太差。所以传统广告的本质其实是借别人的信用增加自己的信用。

但我们也看到许多新兴的品牌在没有太多广告预算（甚至有很多直接面向消费者的品牌的广告花费为零）的时候，也能在很短的时间内促成销售。我们其实能窥见，在这个充满变化的时代，消费者对信用的定义也在发生天翻地覆的改变。为什么？答案是电子商务。电子商务帮助消费者培养了一种“我不用太多的前期成本就可以完成一次产品交易，虽然需要先给钱，但我知道，若不喜欢这个产品，我可以无理由退款；加之社交媒体链接了一个个的小群体，我对品牌也有影响力了，所以就算我买到了不喜欢的商品，我也可以通过社交媒体发声，影响这个品牌的信用度”。所以即使是对我而言没有信用的品牌在淘宝上向我投放了广告，我也愿意买来试一下，因为品牌的信用不再绑定在品牌之上，而在我购买产品的平台上。

正因为品牌对消费者的信用建立在平台上，亚马逊才成了世界上第一个市值超越万亿美元的公司，阿里巴巴的市值一度超越了可口可乐、耐克这些全球知名品牌。

小企业望尘莫及的社会信用，社交媒体的发展却让其存在于更多小群体中的小个体身上。

这让企业能够投入更低的成本建立信用，比如在微博上找某个拥有几万粉丝的博主做产品推广，也许花费只有几百元，但这笔钱足以帮助品牌与用户建立信用联系，也许可以直接促成购买。

3. 品效合一

现在越来越多的大中型企业要求品效合一，简单来讲，就是企业发现本身服务于曝光的广告可以通过增加二维码、引入落地页等方式直接促成转化。与其 3 年后再评估“消费者心智的改变对品牌销量带来的增长”，这种数字化的广告投放方式显然更能打动广告主。但品效合一的广告真的能在吸引消费者的同时促成转化吗？

理解了上面讨论的品牌广告和效果广告的区别后，你就会发现，品效合一很难实现。

效果广告传递的是“使用了我的产品或服务后，你会变成什么样的人”。而“变成什么样的人”是社会属性，是要让更多的、除自己以外的人认同自己想要塑造的形象，是潜移默化的印象，需要反复用广告曝光实现。

就像很多人不理解为什么奢侈品品牌要把广告费用花在那些几乎不会购买奢侈品的消费者身上。90% 以上的奢侈品广告曝光不会让消费者产生购买，但足以让这些消费者知道使用这个品牌的人是什么样的人，这就够了。这就是为什么品牌广告应该且只应该用曝光来衡量广告效果。

但现实是大量品牌将描述产品特性、促销等为效果服务的广告内容投放在大众媒体上，并以曝光量作为指标进行衡量。这完全背离了效果广告的初衷。

同时，因为效果广告可以带来大量的曝光，所以很多市场营销人员或媒介采买人员觉得效果广告也可以为品牌带来效果。事实上，高质量的效果广告致力于建立与消费者之间的“交易信任”，而不仅是情感联系。高质量的效果广告的短期投入产出比可以是正向的，但帮助消费者表达诉求几乎是不可能的。

那么是否品效合一就无法实现呢？不完全是。明星直播就是一个比较好的例子。明星拥有经纪公司精心经营的“人设”，有相当一大部分“粉丝”希望成为明星这样的人。明星代言了某个产品，与明星合作的品牌将自己的产品与明星，即消费者想成为的人进行绑定，就能够轻而易举地达到品牌广告的目的。如果明星代言的广告能够让消费者在建立信任以后即刻产生转化，比如明星做带货直播，再将直播内容录屏作为广告进行投放，消费者可以通过广告直接购买产品。这何尝不是一种品效合一的广告呢？

4. 媒体选择

当付费广告变得高度可归因时，市场部门会从一个费用支出部门变成一个投资部门。

我们相信，在可监控媒体上进行广告投放会为广告主积累大量数据，这是全链路、全渠道的消费者数据，将这些数据串联起来之后会发现，对营销部门来说，每一个营销活动、广告创意甚至是一条文案，都会变成投资标的。

以广告界知名的哥德巴赫猜想为启：“我知道我有一半的广告预算被浪费了，但问题是我不知道是哪一半。”我们相信通过不断优化广告媒体预算分配，这不可知的一半会越来越少，而做法就是逐渐增加“可监控媒体”在营销预算中所占的比重，从而达到最快实现迭代闭环的目的。

我投资的每一分钱，在下一秒就可以看到成果，那么广告投放将变成一个纯粹建立在产品贩卖之上的投资行为——前提是你能够在可监控的媒体上进行投放。那么可监控的媒体有哪些？

我们不对不同投放媒体进行直接建议，仅从“可监控程度”对线上线下一共 8 种媒体形式进行从“可监控”到“不可监控”的排序。排序依据包括：数据回传的时效性、数据维度、准确性、可归因度。

也许有人会说，大公司的营销就是在年终的时候对明年的营销进行完整且细致入微的规划，只在年中和年末回顾效果，需要在投放第二天就看到效果的只有小公司。

这种情况大部分发生在纸媒和传统电视媒体时代，因为当时面临以下情形。

第一，媒体的革新速度缓慢。当时和互联网时代不同，没有抖音、快手这种出现不久就能开始直播卖货的媒体。

第二，单一营销活动需要的预算上限高。在传统电视媒体投放广告的预算启投金额都是单一时段千万级，还不包括广告制作和 4A 公司的服务成本。今天，如果我要在脸书上投放广告，我的启投金额是 20 美元，约合 140 元，在国内的信息流媒体投放广告的启投金额大概为 1000 ～ 5000 元。

第三，媒体的数据回传及归因时效性低。传统媒体没有准确的归因可能性可言，常规的方法是通过营销归因建模，通过市场调研在 3 个月后统计的数据，进行建模分析。分析报告出来，已经是半年以后了。

第四，传统媒体的创意制作极为耗时。要制作通过电视台审核的创意极为耗时，一般制作周期在 1 ～ 3 个月甚至更长，这还不包括 4A 公司提案和筛选的过程。

图 6–2 是市面上主流的 8 种媒体从不可监控到可监控的排序，以及它们的归因方式和变量。

（1）户外广告

近几年，有大量户外广告公司使用了探针及人脸识别技术，希望能够采集“看过”某块广告屏的消费者的相关数据，但是碍于人脸识别与设备号（一般在数字媒体时代被用于对单一消费者进行归因）无法打通，只有很少的机构有权合法获取人脸与设备号或手机号的关系数据，所以户外大屏作为媒介预算花费，几乎无法进行任何归因。加之高额的置换

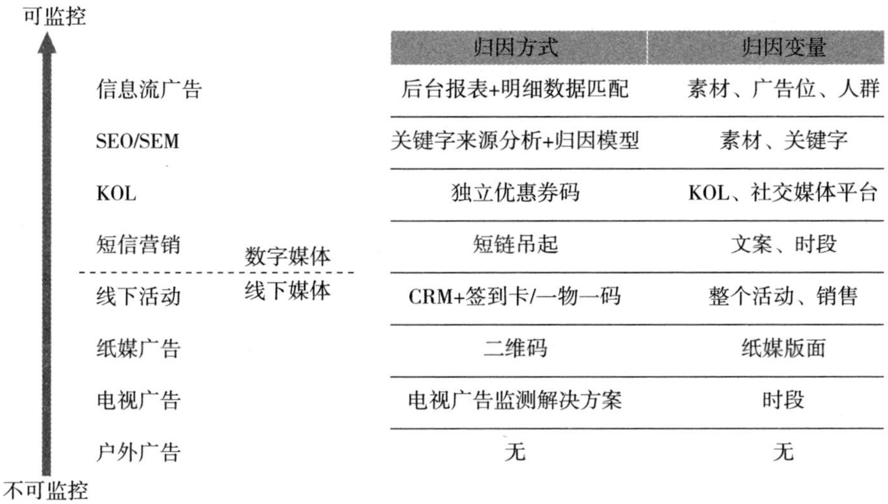

图 6-2　广告的投放形式与归因方法

成本及三个月起签的政策，户外广告的成本有时就像泼出去的水，在效果不好时，只能继续耗损营销部门宝贵的子弹。

（2）电视广告

电视广告是指在特定时间内集中播放的影视栏目的软硬广告植入品牌广告，以期获得品牌曝光和品牌搜索的媒体资源。

同时看电视的人可以有很多，而广告主无法得知人们购买产品是否是因为看了电视广告。

其媒体属性使其确实无法进行归因，但是因为市场需求实在是太大了，也有一些企业着手解决这一问题。尼尔森就专门为广告主量身定制了一款软件产品（机顶盒回路数据和尼尔森的 Watchbox 测量技术）配合市场调研的解决方案，解决了广告主在电视投放上实时的数据曝光反馈和收视率反馈等问题，但还是无法直接对后链路数据进行归因。

而在数字媒体时代，一般在广播电视的热播时段植入或穿插广告后，线上数字媒体的投放会暂停，通过关注在播出时段单一化渠道来源的数据，分析影视广告为品牌带来的搜索、转化的具体数量，比如使用百度指数等辅助工具。

（3）纸媒广告

纸媒包括杂志、报纸等让消费者可以主动阅读的媒体资源。《广告狂人》反映的也许是广告人最辉煌的时代，这些一版又一版的报纸广告直接帮助德芙的市场占有率在 7 年内翻了 2 倍，达到 25%。但就像大卫·奥格威（David Ogilvy）说的一样，永远不要向客户邀功。事实上，如果把市场占有率的增长完全归功于报纸广告，而不考虑其他诸如渠道战略、营销运营管理等关键因素，实在有点言过其实。

我们必须承认的是，纸媒的可监控性比电视好。这是因为其阅读环境的稳定性，以及读者在阅读过程中可以与媒体产生交互——前后翻页，随时停下。配合二维码的广泛应用，已经有大量的杂志广告附上二维码，引导消费者领取优惠券或直接购买，这一举措已经让杂志的可归因程度基本等同于线上的数字媒体。

但是，你上次看报纸是在什么时候？

（4）线下活动

线下活动一般是指需要收集销售线索的公司为达到教育和触达客户的营销目的在线下举办的活动，比如银行举办的投资讲座，To B 的公司举办的行业大会等。

衡量线下活动营销回报率的手段也比较简单粗暴，具体计算方式如下。

$$\text{线下活动营销回报率} = \frac{\text{一段时间内通过展会获得的销售线索带来的销售额}}{\text{线下活动总花费}}$$

但前提是公司有 CRM 系统，通过签到卡打通 CRM 后链路的销售数据，这需要进行一些人工操作，但是可以实现归因。问题是如果所有的销售线索都储存在销售人员的微信里，最后在做客户来源归因时只提到了具体的销售，没有与某场市场活动相关联，线下活动的投入产出比是无法计算的。

另外，对于快消品公司而言，线下活动可能包括与商场和超市合作的促销活动。其中一大难点便是如何衡量整个营销活动的促销经费和带来收益的比例。此时，一物一码解决方案应运而生，把直接在货架上进行打折的模式转变成原价购买并扫码领取优惠券、现金回馈、抽奖等，不仅可以更好地管理线下促销活动的归因，还能通过本来就要花费的促销经费，将消费“买”进来，积累私域流量。消费者关注公众号后，商家再进行更低成本的微信消息和短信触达，将消费者引流至小程序商城，再进行积分管理，延长整个消费者生命周期。

在阐述数字媒体的好处之前，我必须指出，程序化市场因为缺乏监管，市场分散导致数字营销存在太多有损广告主利益的行为，这导致数字广告本身的作用也遭到了市场的广泛质疑。关于这一点，互联网巨头优步深有体会。

优步削减了 1.5 亿美元程序化预算中的 80%，也没见到业务遭受冲击。深入分析后，它惊讶地发现，原本归因于营销付费的新增用户充斥着大量的广告欺诈行为。优步在 2017 年 3 月叫停了所有的营销活动，总新增用户数却没有实质变化。归因于付费营销活动的新注册用户数下降了，自然增长的新注册用户数却相应增加了。这说明付费营销只是抢了自然增长的功劳，大部分用户增长和付费营销活动没有关系。

但是我们必须意识到的趋势是，只有数字媒体可以开放数据接口。如果从点击到最后转化的全链路数据可以被监控，那么企业需要考虑的便是数字媒体中的哪些媒体的数据开放度更高。优先与数据开放度高的媒体进行合作，能大大降低遭受广告欺诈的风险，将数字化媒体真正作为增长的杠杆。

（5）短信营销

相比国外的邮件，国内更直接触达消费者的方法是短信。而短信最直接的归因方式就是通过短信后面带有的短链接进行从点击到访问再到后端转化的归因。这样便可以直接归因到哪一个文案带来了更高的点击率和转化率。

如果短链接的承接是落地页，那么这个归因联系是很难建立起来的，原因是点击短链接只是一个落地页访问行为。一般来说，落地页的监测只能够获得访问者的移动 Cookie（一种网页端的用户识别标识），但是最后在淘宝或其他 App 转化后，是要用移动设备标识进行归因的，而现在市面上没有完美匹配 Cookie 和移动设备标识的方案。

如果短信附有的是深链（deeplink），这个归因就不是问题。对消费者来说，如果他对该条短信感兴趣，直接点击深链便可以直接跳转到App内部的某个页面，比如通过一条营销短信可以直接点击进入罗永浩的电商直播间，产生的购买就可以被归因到某个基于短信推送的营销活动。

（6）KOL

KOL营销也叫网红营销，常见于微博推文、软文。在中国，KOL营销兴起于微博，大的品牌主会找行业头部的KOL进行品牌广告的宣传。而这种以品牌宣传为目的的营销考量最后常常导致广告欺诈，其中最常见的便是微博博主的“僵尸粉”。

网红营销真正的繁荣是因为直接面向消费者的品牌的兴起。

直接面向消费者的商业模式使得其诉求是投放必须见效果，所以不管是用不同的短链、每个网红专属的优惠券，还是成效合作，这些对个人媒体的归因方式革新，直接提高了整个KOL营销行业的可归因度。

这同时也加强了长尾KOL的变现能力，让粉丝不太多的网红也可以帮助小品牌发推文，通过自己的专属优惠券，引流后获得返利。

（7）SEO/SEM

SEO和SEM是通过对搜索引擎的关键字进行流量采买或页面优化以达到引流效果的数字营销手段。其中，SEO是通过研究百度等搜索引擎的推荐机制，对网页进行调整，以期获得自然流量。SEM则是对某个关键词进行付费的流量采买。另外，包括淘宝直通车在内的电商投放平台本质也是通过竞价购买搜索引擎中更靠前的排序。

两种搜索引擎归因都比较简单，百度统计或阿里妈妈后台的“关键词来源分析”能够很好地展现每个关键词的搜索量、点击量、访问量及最后的转化量。

但是如何区分自然流量和付费流量，是困扰广告主的一大难题。理论上讲，没有 100% 准确的归因方式，但是各种归因模型可以帮助不同行业的广告主选择归因模型。事实上，谷歌分析中的谷歌归因服务可以直接通过点选决定采用哪一种模型进行归因。

同时我们也要意识到，若消费者已经开始在搜索引擎上搜索你的产品了，那么这个消费者至少已经跨过了认知阶段，即对你的品牌有一定兴趣了。这时，搜索关键词在流量获取上更多发挥“路标”的作用，原因是，2/3 的用户旅程涉及搜索点击，广告实际上并没有产生销售，而很多广告主会错误地将太多的转化归功于搜索引擎，而不是信息流广告、降价、促销、好友推荐等。你看到百度带来的销售线索成本是信息流成本的一半，这时如果你将信息流广告成本移入搜索引擎，就会发现有质量的销售线索越来越少，而总体成本不降反增。

（8）信息流广告

信息流广告是在媒体自有或需求方广告采买平台（DSP）购买用户在浏览信息时品牌的曝光机会。从 2015 年脸书推出信息流广告到现今自动化管理的广告时代，以实时竞价交易（Real Time Bidding，RTB）为基础的按照千次曝光出价、点击出价、转化出价、深度转化出价等以转化为目标的竞价模式，能获取更广、更深的数据：全营销链路的明细数据导出及素材、落地页、文案、标签等极细颗粒度的变量数据表现。在“可归因度”和“可归因深度”上，以今日头条和广点通为代表的信息流广告是国内一切公开可采买媒体类型中最强的。

另外，信息流媒体决定是否对一个人群曝光的依据是一套完备的基于用户画像进行出价的 RTB 模式，广告主甚至会遇到有钱花不出去的窘境。媒体是否将你的素材投放到更多的人群中取决于你的素材与人群的关联度及素材质量。这样的机制能够推动广告主生产更好的素材，创建与目标人群相关性更高的广告计划。从某种意义上来说，质量更好、关联度更高的广告不仅不会影响用户的体验，还能保证媒体的用户质量，进一步为广告主带来更多可以曝光的人群，长此以往，就构成了正向循环。

这种形式带来的“转化”可以是 App 下载，可以是某个落地页的直接购买，也可以是微信加好友。

信息流广告中头条对于明细数据的导出是最开放的，广告点击和视频播放的明细数据可以与广告主更深层次的转化行为相联通，比如绑卡激活、7 日留存、消费超过一定金额等。监测深度转化成本的前提是要求广告主有自己的私域流量以及数据归因技术。后文会详细讲述不同规模的广告主如何在高效地完成私域流量运营和数据归因后对消费者进行再运营。

因为有了更快和更深层次的广告效果数据，在信息流广告中进行营销实验的频率令传统广告人员瞠目结舌。以使用鲸投平台的信息流投放客户为例（一般是游戏和电商的效果广告主），平均每人每天可以创建上千个营销活动投入媒体，对素材、人群包、兴趣定向等关键变量进行测试。因为有了一站式的管理平台，广告运营每天只需要在部署这些营销活动和广告计划上花费短短10分钟。这是传统媒体投放10年才能完成测试和分析的水平。

有了深度转化成本，一般来说可以直接归因到由广告投放产生的财务收入。比如一个花费1000元的广告计划带来了100个游戏用户，每个用户在平均生命周期内的充值金额为30元，那么这笔1000元的广告投放花费的投资回报率就是1：3。更简单粗暴的方式是通过落地页计算购买转化和广告投入产出比。也就是前文说的，高度可归因的媒体投放可以把市场部门从成本部门变成投资部门。

此外，对广告和市场人员来说，信息流广告时代是最好的时代，因为每个人都可以用极少的资金撬动过去比肩电视广告的受众。

即使知道了媒体有哪些、怎么去选择，企业面临新兴媒体，决策时还是会踌躇不前。过去4A公司为客户的媒介组合进行提案时需要极其复杂的工作和极为昂贵的咨询费用。对于小的初创公司，如何通过媒体投放获得发展？除了投放可归因的媒体，企业如何抓住媒体红利？

首先我们要意识到，“红利”这个词代表转瞬即逝的机会。过去纸媒、电视媒体兴起后，属于它们的时代都是以10年为单位计算的。但是到了今天，一个2012年成立的互联网企业如果错过了2012年的微博转发、2013年的安卓应用市场、2014年的粉丝通、2015年的微信和广点通、2016年的今日头条，那么这个企业大概率不会活到今天。这些媒体的红利期也许只有3～6个月。那些抓住了红利期的企业会在短期内获得快速的发展，但随着红利期褪去，比如返点政策改变和竞争加剧，过去能够获得高回报的媒体也会因为边际效应递减慢慢变得不那么诱人和值得投入了。

抓住媒体红利需要对市场动向保持持续敏感，不做假设，快速试错。你永远不知道你的受众会在哪个你从未听过、以前连想都不敢想的媒体上等待着你的触达。

创意和内容

创意有多重要？硅谷广告技术公司 Flashtalking 在研究了 60 个大型营销活动和价值超过 100 亿美元的曝光后发现，排名前 25% 的创意和后 25% 的创意相比，对消费者的影响力相差 6 倍。也就是说，当我有更好的创意时，花 1 元的效果与创意差的竞争者花 7 元的效果是一样的。

企业在选择 IT 供应商的时候会看行业案例、产品试用或合作做概念验证（Proof of Concept，POC），这些都是可以量化的指标，企业基于此做出合作决定时通常较为理性。但是当企业需要衡量创意的时候，貌似没有一套比较科学的衡量标准。

正如大卫·奥格威所说，“我们做广告是为了销售，否则就不是做广告”（We sell，not else）——如果广告不能帮助广告主达成销售目标，那么就算广告再有创意，又有什么意义呢？大家都知道广告效果与销售额可以呈正相关，但是如何持续产出能够帮助广告主提高销量的广告呢？是否存在一个秘密武器，能够让一家创意机构保证产出的创意既符合品牌调性，又能完成销售额提升的任务呢？

答案是没有。因为没有一种创意是完美的，永远只有更好的创意。让创意人员抓耳挠腮的问题就在于他们无法在广告主跨媒体的投放中知道每个创意的表现。能够定位问题，才可以迭代，因此，能够帮助营销人员在跨媒体广告投放中用可量化的指标定义每一个创意的商业价值，并为迭代方向提供建议，才是创意人员需要的。

《文案的基本修养》一书的作者东东枪在他的同名公众号中提到，过去所有传统4A公司一年能够为客户拍出3 ～ 4个视频宣传片，折算下来，所有传统广告公司一年能够为客户生产10万个高质量广告片，与之相比，抖音的巨量引擎（字节跳动的广告商业化平台）一天可以产出超过70万个视频。是的，一天。一个专做信息流创意的公司，每人每天平均可以产出3条广告素材，而每条素材的成本最低可以压缩到100元。

这就叫最低成本。在一部分人呕心沥血地为头部广告主制作能够夺奖的品牌广告时，我相信一定有更多冰山下沉默的广告主需要能够帮助他们卖货的广告。我在鲸投项目中与AI公司联合开发的AI自动生成创意已经小有成效，不止我们，市面上还有大量公司在做同样的事情。未来创意制作成本只会越来越低，甚至不需要由人去做。创意制作门槛的降低也会为广告代理、媒体、广告主的市场注入新鲜血液，带来更多的挑战和机会。

同时，创意本身也变成一个可以优化的产品，而不是一镜到底的项目。因为创意在数字媒体的曝光会有详细的数据回传，比如在哪一帧时用户流失得比较多、视频的整个生命周期状态是个什么情况、什么时候应该轮换、图片中什么颜色转化率更高、哪个素人明星的点击率更高……这些过去对创意总监来说想都不敢想的可供迭代的数据，如今变得触手可及。

企业和代理商不需要有太多的前置判断及假设，只需要把这些海量的素材投放出去——它们本身就会在每天 70 万新增的素材池中优胜劣汰，广告主和代理商要做的，同时也是鲸投帮其做的，就是汇聚多个媒体的素材反馈数据，快速迭代，释放时间，同时释放创意的力量。

基于数据、创意、触点的消费者运营

1. 围绕消费者的运营

当市场上缺乏新的、低成本的流量获取渠道时，市场倒逼商家开始从用户的生命周期价值中榨取利润，即与消费者建立更紧密的连接，在一个更低成本的触达平台上，用运营手段让每一个消费者的消费频次更高、额度更大。我们以微信为例，通过钱大妈[①]在微信上的消费者运营案例剖析一个不那么“时尚”的行业如何在细节上优化围绕消费者的运营。

首先是获客。与你产生过一次交易的消费者不是你的客户。当大部分消费者与你产生了第一次交易时，你需要思考：“我吸引他加入流量池的理由是否充分？我能否提供积累积分换礼品这种反馈周期极长的好处之外的、能够直接带来即时利益的优惠方式？”钱大妈给出的策略是，客服每天会把当天的菜品和优惠折扣发到用户群里，只要你加入了我们的群，想买什么菜，可以让店员拍照，确认好后随时在群里下单，

① 钱大妈是起源于广东的社区生鲜超市，2013 年，其创始人冯冀生将自己在东莞农贸市场的猪肉铺搬到社区内，成为社区店铺，7 年内，他在全国开了超过 3000 家门店。

满 38 元免费配送，且半小时内送货上门。我想很少有人会拒绝这样的服务吧？

其次是刺激、活跃用户。大部分消费者加群以后，特别是当这个群里的人数越来越多，有四五百人的时候，群成员的活跃度会直线下降。很多社群运营人员会通过发红包的方式刺激、活跃用户，但结果常常是石沉大海，大家抢完红包后一哄而散。钱大妈在这个基础上进行了一个很小的改动。客服每天晚上同样会定时在群里发红包，红包总额为 1 元，但是他们会送抢红包时手气最好的人一份食品，比如一个哈密瓜、一份鸡爪。不要小看这样一个操作，这可是一个精心设计的消费者促活策略，至少运用了两个游戏机制：一个是打开红包本身的不确定奖励机制，就像开道具宝箱一样，你不知道自己能否中奖，也不知道能中什么奖；另一个是自我突出，当抢红包手气最好时，群里的其他人甚至会发消息说“运气真好”，然后约着一起去买菜，领礼物的时候，他们常常会把第二天的其他菜也买了。

这是社群运营，其更加精细的形式是完美日记的一对一消费者运营。在不同平台与完美日记产生了交易行为以后，很多用户会被导购加为微信好友。相较传统的导购，完美日记的导购面对的消费者更多，与消费者交流的频次更高，建立的联系也更紧密，单位人效更高。

围绕消费者的运营至少要搭建以下 3 个底层结构。

第一，会员的积分权益体系。包括会员积分的获取机制，如登录领取积分，消费或完成关键流程的积分。其背后是一套完善的奖赏模型。积分兑换产品只是第一步，让消费者继续消费才是积分运营的核心价值。要让消费者觉得与你交易不仅仅是掏了钱，也得到了更高的地位权益、独一无二的体验和有忠诚度的社会形象。

第二，一对一的客户服务体系。过去我们与客户做“一锤子买卖”，客服的职责是解答用户在产品、折扣方面的问题，以期获得转化。但是围绕消费者进行运营的客服应该专注于与消费者建立情感联结。就像某位小红书用户不只生产与美妆相关的内容，还将自己的品牌拟人化，和消费者讨论生活中发生的小事，分享自己的日常生活。看到她，我们仿佛看到了一个活在朋友圈里的精致女孩，她不仅颜值高，还是一个美妆达人。对消费者来说，她像一个陪伴在身边的有温度、有情感的好朋友。消费者首先信任这个人，其次才会将这种情感联结转移到其产品和品牌上。

第三，触达和消费者生命周期管理策略。营销人员需要对关键节点进行营销策略配置，并将转化效果好的策略设定为自动化策略。对敏捷营销人员来说，浏览过官网和点击过广告都是营销活动的触发条件。通过组合触发条件（权益或活动激励）与营销物料（文案和素材），生成在特定渠道的营销活动，就是敏捷营销人员需要配置的自动化营销策略。通过大大小小的节日问候、关键流程引导，广告主可以在不增加人力的情况下每年自动配置上百个营销活动。更关键的是，每一个活动都将带来最新的用户数据并迭代出转化率更高的营销活动。

最后，对于生命周期价值不同的客户，品牌也可以将会员等级、营收贡献度作为分层依据，对用户进行识别——通过不断地用敏捷营销的方式执行 A/B 测试，了解不同生命周期的用户对不同营销活动的响应情况和转化率，将消费者往更高价值阶段引导。

2. 规模化的运营

大部分敏捷营销测试项目并不会进行到这一步，因为大部分项目在测试期并不会表现出可观的规模，这也许是因为人群与交流内容不匹配，也许是因为其他原因。

如果你在第一阶段完成了敏捷营销测试并获得了成功，恭喜你！假设社交拼团这一测试场景已经在“小程序 + 微信”的生态环境内证明可行，并且 ROI 等指标都证明它可以给公司带来更多的正向收入，那么敏捷营销团队需要的就不只是做一个营销活动，而是做上百个在不同区域、针对不同细分人群的活动，这些活动可能包括某个小区的“快闪”行动、引爆社交媒体的活动话题、与各“拼团”和“网红”MCN 合作，或是摆脱主流电商平台在第三方团购平台做产品上线活动。敏捷营销人员在这一阶段应在代理商和外包商的帮助下迅速执行、监控数据、及时调整预算，并对每个环节的消费者转化提出优化建议。

但是不要高兴得太早，有太多公司因扩张策略太激进而丢失市场份额甚至倒闭。

规模化运营至少需要跨越 3 条鸿沟，满足 4 个群体的堪称完全不一样的诉求。

意大利跑车品牌阿尔法·罗密欧在 2017 年进入中国之前，在天猫尝试销售了 350 台旗下车型 Giulia Milano，结果在 33 秒内销售一空。FCA 集团（阿尔法·罗密欧的母公司）高层喜出望外，当即决定全线进入中国市场，在销售渠道不完善的情况下激进地铺设销售渠道，在

2018 年更是给经销商定下了 4 万辆的销售目标。

2017 年在天猫上购买阿尔法·罗密欧的车主对应的是杰弗里·摩尔（Geoffrey Moore）在《跨越鸿沟》中描述的技术狂热者——一线城市中有购买能力、愿意尝试新鲜事物的小众群体。他们一般只占整个消费者群体的 2.5%。同样地，早期购买特斯拉第一款汽车 Roadster 的车主也愿意忍受新事物的不完善。早期 Roadster 经常出现漏电、触控板不灵敏、无原因紧急刹车等问题，即使是这样，特斯拉在还没有交付能力的时候，就已经接到了 1000 份订单。但这些好消息并没有让特斯拉批量生产 Roadster 并投入大众市场，相反，特斯拉直接用 Model S、Model 3 两款不同价位的车型赢下了高瞻远瞩者、实用主义者的市场份额。

不同类型的客户对营销、广告的易感度不同。技术狂热者会尝试最新的技术产品并将其推荐给高瞻远瞩者，他们是产品早期的使用者，他们希望自己的决定能够影响产品的走向，希望品牌能够帮助他们表达其愿意接受新鲜事物的引领这一特点；实用主义者则会在试驾后对多款汽车的价格、大小、品牌售后等一系列条件进行综合考虑，之后才会做购买决策；保守派则永远只会购买别人已经用了、觉得没有问题的产品；吹毛求疵者会拿着卷尺量引擎盖边框的缝隙是否一致、评判销售大厅的地板擦得够不够光亮。

回到阿尔法·罗密欧的案例。350 台车被一扫而光是好消息，但这并不代表这个品牌能在销售、售后渠道不完善的情况下吸引除技术狂热者以外的高瞻远瞩者，更不要说实用主义者了。太过激进的规模化策略导致库存积压，为了清理库存，阿尔法·罗密欧不得不将库存车降价销售，甚至一度出现了新车 6.5 折这种有损品牌形象的降价活动。

在中国，一年销售 1 万辆汽车代表品牌需要打动一线城市大部分的高瞻远瞩者；3 万辆的目标则代表品牌需要渗透到二线城市；10 万辆的目标需要品牌深深地打动了中国一二三线城市的实用主义者。而 10 万辆这个目标，也是衡量新兴品牌汽车能否跨越中国汽车消费市场最大的鸿沟、打入大众市场的唯一指标。换言之，一个汽车品牌的销量，最终并不取决于其在一二线城市的用户有多少，而取决于其在三四线城市的用户有多少。

小规模的营销模式在营销的第一阶段被验证可行后，需要谨慎思考："我是否只是打动了技术狂热者或高瞻远瞩者？我是否能够用同样的沟通内容和更高效的手段、渠道、媒体，吃下更多的市场份额？从早期市场跨越到主流市场后，我的品牌调性、触达手段是否应该改变？"决策者无法通过战略会议得出一个成功率更高的案例，但是数据反馈可以告诉决策者每个阶段受众对产品的反馈情况。小步快跑、谨慎探索应是数字化时代最好的规模化运营方式。

另外，为了保持上一阶段的市场优势，敏捷营销人员需要将该敏捷营销项目的总体流程梳理出来，并形成标准业务流程，指出在项目进行中影响或阻碍项目进程的节点并提供解决方案，包括在每一个节点成功提高转化率的策略。这些策略和文档结成的知识结晶，将成为公司最有价值的资产，应对公司中所有人保持透明，让所有人都可以查阅。营销的价值将从交流信息以弥补信息差转变为交流经验以构建学习型组织。

如何执行待办事项

你可能会说：“我知道我应该着手做某些工作，我也组建了这样一个敏捷营销小队，但我应该怎样执行这些包括消费者运营在内的营销活动呢？我还需要写营销提案吗？我还需要与代理商进行长达 3 个月的沟通吗？我不会每天还要花超过一半的时间做 PPT 吧？”

我建议敏捷营销团队借鉴 Scrum 这一来自软件研发领域的敏捷工作方式来执行营销活动，原因如下。

与过去相比，敏捷营销要求品牌方建立消费者反馈机制，并将反馈数据作为营销方式的待优化项。这要求营销足够小、足够快，以适应不断变化和不断新增的待优化项。最小可行性营销的测试方法在让团队省去很多修饰工作的同时，能够快速交付消费者感兴趣的内容和产品价值。

营销技术栈的完善使营销活动的部署周期更短，这需要敏捷小队中的每一个人都集中精力推进和帮助伙伴完成项目。同样是 10 个人的营销团队，过去他们一年只需要盯着 10 个营销活动，但当活动次数变成 200 个时，每一个人每天开展工作的方式将发生天翻地覆的变化——是的，他们能够将时间用在更有价值的事情上，而不是在一个 S 级的营销活动失败两个月后还在写结项报告。

营销活动需要跨职能、自我激励的团队，做什么、如何调整都需要团队自主地进行快速决策。小队中信息的透明度是整个项目成功的关键。Scrum 可以很好地解决这个问题。正如图 6-3 所示，Scrum 中每日站会、项目回顾等机制的核心宗旨便是加强信息流动，授权每个独立个体，让他们掌握推进每一个冲刺（敏捷营销活动）的权力。

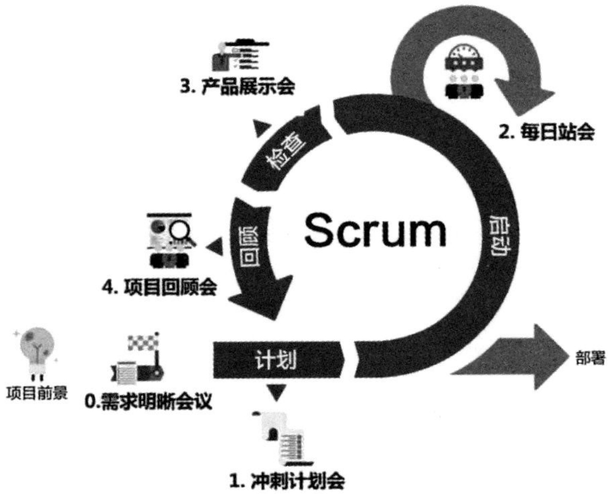

图 6-3　敏捷迭代 Scrum 流程

从现在开始，将营销想象为一个“软件”，而这个软件会通过“敏捷”，即更频繁的迭代提升效率。只要企业需要营销活动，那么它的自我迭代就永不停歇，而不是一直沿用过去的成功路径。所以正如图 6-3 所示，与过去的营销活动毫无转化不同，现在的营销活动是一个基于消费者反馈不断迭代的优化飞轮。

Scrum

Scrum 是一套在快速变化的环境中拆解复杂研发人物的工作方式。

Scrum 一词源于棒球。棒球是一项需要临场应变能力的运动。这就是为什么我们很少在棒球场上看到像篮球教练一样咆哮的教练。击球这一动作具有极大的不确定性，它会衍生出上万种应对方式，因而没有教练可以“规划”任何一场比赛。Scrum 就是一种应对这一特殊的体育运动中充满不确定性的组织协作和决策的方法论。

简单来说，Scrum 有以下 3 个核心。

（1）不管你是击球手还是外野，你都要时刻关注队友的动态。沟通效率决定了球队能走多远。当所有队员的注意力都在球上的时候，球队要保证三垒手跑去捡球时，有人能帮他预测下一步的行动，并在接到球之前通知他。

（2）自我激励的团队。在赛场上，没有人能告诉你该做什么，球员应该以微型单位组成小队，快速决策、快速行动。

（3）需要有游击手（即软件行业中的 Scrum Master）时刻补位，确保每个位置都可以避免前一个人补位不当造成的组织运转效率降低的情况。

数字时代对营销决策和执行方式提出了前所未有的挑战——在更快的时间内完成。市场每天都在变，就像那个飞在空中的棒球一样。过去制订季度计划，比如详细说明第四季度应该做什么，才能完成今年的营销绩效目标，并通过金字塔式的组织结构层层审批，力求完美。但这种方法已经完全不适合今天这个多变的市场环境了。同时，传统的营销活动的设计过程中涵盖了大量不同人的“观点”，这些人站在取悦上司、讲更漂亮的话、取悦甲方、减少开销等立场上，提出自己的观点，唯独没有考虑消费者要看什么。从制订策略到设计落地页，他们争论不休，效率较低。

Scrum 给营销人员提供了一种科学地思考和执行营销活动的模式。

（1）每个营销活动尽可能精益，执行营销活动的单位应尽可能小，这样，即使犯错，成本也是最低的。这强调通过数据获得迭代反馈，而不是基于个人观点。

（2）营销是跨部门的业务生产活动。

（3）交付价值的效率优先于一切。

（4）所有的营销活动都需要有科学的指标监控，以便在某些时候知道自己哪里做得对，并且第一时间知道哪里发生了错误。

站会

肯·施瓦伯（Ken Schwarber）从杜邦公司一位化工过程控制专家那里“取经”，他意识到项目分为两种：一种是确定性项目，一切都已经确定，可以使生产流程自动化；另一种是实验性项目，充满不确定性，一点微小的变化也会牵一发而动全身，因此只能用各种仪表不断监控，随时做出调整——这就是每日站会的由来。

有多少营销人员被永无止境的跨部门会议和所谓的讨论填满？通过每日站会，每个人能快速地告诉团队“我昨天做了什么”“今天准备做什么”“需要谁的支持”，这样能够极大地缩短无效会议，同时也可以让团队成员知道彼此的工作进展，以便在对的时间节点提供帮助。

- 站会的目的是更新进度和暴露开发中遇到的问题，不应该讨论具体的问题。
- 在开迭代计划会议之前，应该准备好所有的需求分析，遇到需求不合理的情况应该及时跳过，不应该在会议中寻求解决方案。
- 回顾会议应该把重点集中于上一次行动是否明确执行及需要改进的点。营销人员可以通过投票讨论优先级高的改进点。
- 参会人员应该准时到达。对迟到者的容忍就是对准时与会者的惩罚。
- 每个会议都必须有主持人、会议目标、会议准备，否则会议则是冗长而无效的。

对于营销人员来说，站会可以有效减少无效会议的时间，让营销人员将精力更多地聚焦在高价值的工作上，也就是那些更有可能带来业务增长的工作。同时，因为每天都有站会，所以营销人员可以更清楚地知道其他人的工作进度，从而根据自己的项目情况决定如何提供帮助，以推进多个营销活动项目。

Sprint

Sprint 被称为“冲刺”。对于敏捷营销人员来说，这就是一次小的营销活动，它要求在很短的时间周期内（一般来说小于两周），完成某个项目或者营销活动。一个庞大的营销活动通常会被拆分成多个 Sprint，以确保团队在每一个 Sprint 中间进行回顾时可以通过数据反馈调整方向。

Sprint 的营销活动类型以 A/B 测试为主，如何执行 A/B 测试以及过程中需要注意的事项会在下文详细讲解。

我们可以通过软件技术公司的例子理解 Sprint 的意义。过去，一个能为客户提供高价值的功能持续创造价值的时间周期可能是 2 年。比如甲骨文公司核心的数据库处理和运算功能，客户愿意为这个功能付费的强烈意愿会维持 10 年甚至更久。但现在有些许变化，比如营销云的人群标签和消费者画像洞察功能在 2014—2016 年是核心价值模块，但当这个功能被大量供应商广泛使用，加之广告主对营销云的需求从洞察转向执行优化时，人群标签和画像洞察就沦为基础模块，不再是能够向广告主收取很高费用的核心功能，取而代之的可能是多媒体一站式投放、渠道归因等功能。

营销活动也是如此。如果你的企业只是制作一个落地页就需要 2 个星期，执行一个规范化的单渠道“双十一”营销活动就需要 1 ~ 2 个月，这意味着企业一年只有 5 ~ 6 次试错机会。如果这几个大的营销活动某个细小的环节没有获得很好的反馈，当年的市场增长就将陷入比较被动的局面。因此，Sprint 强调将过去瀑布式的开发（大营销活动）拆成一个个规模更小、试错成本更低、数据回收更快的营销活动。

如图 6-4 所示，回顾会议的作用就是在一个 Sprint 后进行反思和回顾。这种回顾会议很多公司都有，其理念是不断对过去活动中可以改进的地方进行复盘，从失败中学习，并对市场中的新机会进行讨论，在恰当的时间点将失败概率较大的项目砍掉（是否砍掉一般由敏捷营销团队内部决定）。一个健康的回顾会议是敏捷营销活动和团队提升的基础。

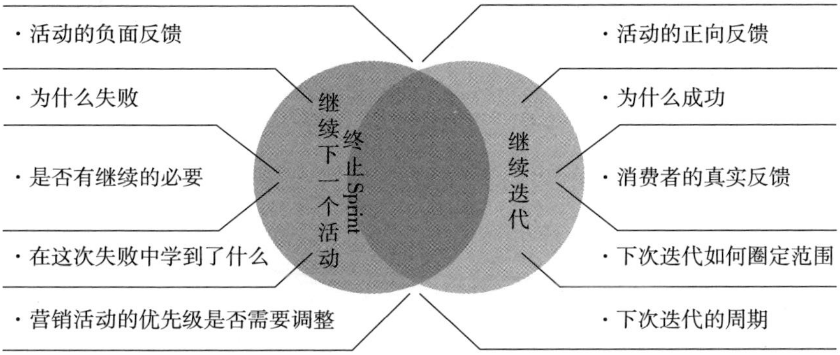

图 6-4 Sprint Retro 回顾

回顾分为大、中、小型。大型的回顾持续 3 个月，团队需要回顾这个季度的工作，思考其中哪些工作可以被更快的流程、营销技术栈加速，变得更加敏捷和自动化。一般来说，回顾需要每周进行一次，这针对某个具体的业务活动。但同时，回顾也应当被应用在更长的周期中，比如月度回顾。长周期的回顾不只会对营销活动进行复盘，更多的是思考如何优化营销整体的流程——敏捷营销项目组中信息流转、决策和执行是否存在优化的空间，是否有可以沉淀成模板、通过系统自动化完成的工作。以下 6 点是我们团队在营销敏捷化的过程中已经优化或者需要优化的部分。

（1）更快地进行落地页制作管理并分发到不同的平台。

（2）对同一个素材进行快速混剪，规格自适应到不同的媒体，可以节省很多视频剪辑的时间。

（3）将访问官网、点击“感兴趣”、聊天、试用和激活用户在不同生命周期的触发式邮件营销自动化，可以在集客营销方面节省最多的时间。

（4）整合百度的关键词推广和后端完成付费的数据，以注册邮箱作为 ID 映射，这样能够节省每天拉取报表的时间，也能够清楚地知道每一个关键词的 ROI。在信息流推广和微信文章的软文方面也要做同样的事情。

（5）用批量分发工具把推广软文一键推到知乎、百家号、微信公众号、今日头条等一系列平台上。

（6）管理微信号上的粉丝，进行差异化沟通。

与此同时，还应评估如何能够在同样的时间内进行更多的营销实验。

中型的回顾每一个月举行一次，团队需要讨论以下内容。

（1）营销活动回顾。回顾会议在刚开始时可能只有小部分人说话，大部分人都保持沉默，而敏捷营销项目负责人需要做的就是营造一种每个人都可以发表言论的氛围，引导所有人在发言时有建设性地发表意见而不是一味地找出问题或者抱怨。每一个敏捷营销活动的失败可能性都很大，通过失败快速学习，确保敏捷营销团队的效率在不断提升，是敏捷营销人员需要做的。

（2）对更大的营销活动进行讨论。对于营销团队，一般来说，最重要的活动也是营销预算最大的活动。在这些大的营销活动完成后，团队需要花更长的时间去复盘，思考迭代，并为此后类似的活动提供改进的实践基础。

小型的回顾在每一个小的、为期一到两周的营销活动中进行。会议需要控制在 1 小时以内，但需要保证完成对以下内容的讨论。

（1）在本次营销活动中表现良好的部分有哪些？

①本次营销活动有哪些 A/B 测试或者营销方法取得了成功？是否可以大规模实行？

②为何取得了成功？

③团队成员在哪些关键节点帮助营销活动取得了成功？

（2）有哪些可以改进的方面？

①为什么会失败？决策、执行、创意、媒体哪方面存在缺陷？

② A/B 测试的数据积累是否可以支撑我们做出成功与否的判断？

③哪些方面可以改进？

④迭代的时间是否应该缩短？

⑤我们需要其他部门（产品研发、销售）提供怎样的支持？

营销活动结束后，敏捷团队会坐在一起对某个或者同时进行的某几个营销活动进行回顾。团队会围绕营销活动给客户带来的价值进行讨论，这些讨论都应基于数据反馈而展开。

营销敏捷看板

看板（Kanban）一词源于丰田，是其为了实现 JIT 准时生产方式而使用的控制现场生产流程的工具。彼得 · 圣吉（Peter Senge）在其管理学畅销书《第五项修炼》中将看板这一看似不起眼的创新总结为日本制造业在 20 世纪 70 年代赶超美国的核心原因。看板通过进度控制和创新可视化的方式，将每一个员工在生产中的创新都标记出来，工人不再是亨利·福特时代生产线上的一颗可有可无的螺丝钉——他们的创新，也许只是将装螺丝的时间减少了 1 秒，但他们能够在看板上看到自己提出的微创新对整个生产线效率提升起到的作用。更重要的是，它激发了企业内部的自发创新动力，将被人管理的员工变成了自发学习和创新的学习型组织成员。看板的复用在极大程度上帮助 20 世纪 70 年代的日本在世界制造业，尤其是与美国的竞争中建立了无法超越的效率优势。

在软件开发过程中，看板的意义是将用户故事中需要开发的功能进度具象化：每日站会中，团队需要汇报自己昨天以及今天的工作安排中，哪些是对营销活动价值交付有推进作用的事项。团队通过将工作进度透明化，可以很清晰地发现哪个模块需要支持，提前披露问题，并在会上讨论大概的解决方案。看板会在每天早上提醒每个人正在做的事情的意义和目标，并确保每个人都以最低成本完成这个目标，而不是盲目堆砌功能。

营销团队过去在对业务指标进行拆解、对业务流程进行梳理时，倾向于从上至下进行分解，也就是将一个大目标拆分到每一个小团队的每一个人身上，而后在年中和年终进行回顾。敏捷营销团队不一样，团队中的每个人都能够对如何帮助团队或者公司达成营销目的进行决策。但是这种管理上的混乱有可能为企业带来重复造轮子的问题。看板可以帮助敏捷营销人员很清晰地知道每一个人为实现营销目的应做什么、准备做什么，确保了信息的透明流动，从而使营销人员自发地给予支持或者寻求帮助。更重要的是，看板可以在很大程度上帮助团队看到每一个人的创新对营销总体目标做出的最直接的贡献，从根本上激发每一个员工的自发创新动力和学习积极性。只有营销人员自发地在现有的营销流程上进行创新，营销的增长才有可能产生复利效应。

最小可行产品

最小可行产品是指由软件研发项目小组发现一个特定用户需求后所设计的围绕该用户可以交付价值的最小可行性产品形态。其理念的核心在于用最低的成本和最短的时间开发一个产品，验证市场需求的真实性，忽视用户的抱怨，并在此基础上迭代。

支付宝的早期 MVP 是一沓纸质的账单。是的，就像古代人一样，当一笔转账请求进入的时候，支付宝的工作人员将这笔账记在这本账本上，再通过电话告诉收款方。

以阿里巴巴的能力，直接召集一个由百人组成的研发团队开始做支付项目是再正常不过的事情。但问题是，国内在移动支付领域没有可借鉴的例子，没有人知道该往哪个方向发展，他们甚至不知道人们是否有移动支付的需求；而市场瞬息万变，一个百人的团队研发 3 个月后可能发现方向错了，企业也会因此落后于竞争者并丢掉了市场。虽然只是一个很小的功能缺失，但很有可能葬送整个项目。

例如，我需要给所有的消费者发送一条“双十一”的促销消息，此时，与其让内容团队制作一张设计精美、措辞严谨的促销卡片，最小可行性营销强调将你的客户分成几个小组，每一组占客户群体的5%，分别测试不那么“完美”的促销内容，收到数据反馈后，将转化效率和顾客响应率最高的一个触达消息发给10%的人，继续测试，逐步扩大营销实验的边际。

因为有数据反馈，营销人员不再需要根据“观点”决定如何采取营销活动，而是根据数据。

待办事项与优先级

在敏捷研发的过程中，因为我们通过MVP获得了大量的（带有抱怨的）用户对产品使用情况的真实反馈，这些反馈能够改善产品的功能需求。但是软件研发领域有一句话叫作“你想做的功能永远比你的研发能力复杂2倍”。研发资源有限的时候，如何将这些需求更好地保存在“需求池”中，以及以什么原则决定先做什么再做什么，这是产品负责人要考虑的首要问题。

同时，对于营销人员来说，营销预算永远比计划中少得多。那么在敏捷营销小组头脑风暴讨论出成百上千个能做的营销活动后，用什么原则决定哪些营销活动先做，哪些后做，哪些应该投入更多的预算去做？

解决这一难题分两步：一是管理营销活动，二是确定优先级。

A/B测试

早在2009年，谷歌进行了大约12000次试验，其中只有10%的实验带来了业务变化，但是，这1200次试验促成的改进令人印象深刻。

快速进行大量的小型试验，留下成功的，放弃失败的，这样一来，市场营销可以大大加强它发现和部署精彩想法的频率。

我们花再长的篇幅来描述 A/B 测试都不为过，因为这是敏捷营销人员赖以生存的思考工具和工作内容。它能告诉广告代理商“我想测试一下 A 媒体和 B 媒体的投放效果”。为了完成一次完整的 A/B 测试，敏捷营销人员要对需要测试的变量有十分清晰的业务价值认知，需要了解基础的统计学原理，需要对受众的差异性和趋同性有深刻理解，并熟知相关工具的使用方法。

是的，有营销技术栈的支持，A/B 测试变得更加迅速。营销中可供测试的样本俯拾皆是，大到进入某一市场的决策，小到只相差一个字的两段文案信息。缩短 A/B 测试从确立目标到完成数据收集工作的时间周期后，A/B 测试将在营销领域中被大范围使用。其本身并不直接代表某一个营销技术，更多的是以计量统计学理论为基础的科学测试思维模式。

A/B 测试有以下 5 个步骤。

（1）确立清晰的目标

我曾用鲸投 Desk 帮助一家大型游戏公司进行 A/B 测试，确定基础的信息流投放。我们的做法是将该产品多个账号的历史投放数据全部输入鲸投的平台，分析“付费用户”成本表现最好的变量条件，并筛选了 60 多个变量，包括广告位、媒体、素材、文案、地域、年龄、人群包，以及超过一定消耗且单个付费用户获取成本最低的变量，交叉组合生成了多条广告。

产品投放到中期后发现，转化成本确实有所下降，但随之而来的是后端的付费也跟着大幅下降（游戏产品不只关注获客成本，更需要专注对用户整体生命周期价值的优化）。通过分析我们发现，我们的目标设立错了。转化成本低的变量吸引来的用户大多是付费意愿更低的人群。这个问题在我们用“新用户收入付费额”取代“付费用户成本”作为 A/B 测试目标后迎刃而解。

所以，一味地追求错误目标的优化，会让 A/B 测试从一开始就走上歧途，其最后造成的成本浪费完全可以避免。要设立与业务目标相关度更大的指标，即使前期需要的对接时间更长，即使数据反馈有延迟，那也是所有 A/B 测试的必经之路。

（2）定义变量

确立清晰的目标后，需要筛选对营销活动最后产出有影响的变量组。决定是否将变量纳入变量组的另外一个标准是变量是否会造成 20% 以上的差距，比如在投放化妆品广告时，不同年龄之间可能存在 300% 以上的不同表现，而不同广告位对于这个产品最后的营销评估其实影响不大。因此，营销人员应该将营销预算集中在差别最大的变量组中。

以下是值得企业花费营销预算进行 A/B 测试的变量：

- 媒体
- 广告位
- 创意（素材和文案）
- 人群包

- 标签和兴趣定向
- 落地页（包括其内含模块）
- 搜索引擎关键字
- 广告出价
- 基于客户价值旅程的设计
- 包装设计（风格、文案、卖点）
- 主要成分
- 产品定价
- 产品描述

（3）选择测试群体

在选择目标群体时对非重叠、高度相似群体进行变量测试。在软件研发领域，运营人员可以用 Optimizely 等工具将需要进行 A/B 测试的功能划分给两个完全不重叠、随机分配的群体。

（4）设置实验组和对照组的样本量

根据大数定律，样本量越大，实验成果会越趋近于真实值。但在绝大部分情况下，没有足够的时间和预算让每次敏捷营销活动都满足大数定律。在预算充足的情况下，每一个由消费者组成的变量组量级都应该超过既有目标群体的 1% ～ 5%，让样本分散在 95% ～ 99% 的置信区间内。

（5）确定测试时间的长短

确定 A/B 测试运行时长时要考虑 3 个因素：一是收集到的样本

量是否足够，二是测试时间段内的用户行为有没有特殊性，三是结果的稳定性。

由于新的营销活动会带来新奇效应，所以在营销推广的第一阶段，数据通常都会表现较好。而用户对产品的新鲜感或对素材的厌倦，会让营销活动的效果回归正常。不管是品牌方的敏捷营销人员还是乙方的广告投放代理商，在测试只运行了几天时将结果告诉领导和同事，对项目推进没有任何好处，反而会有因好消息带来错误的期待最后导致营销预算被浪费，或是因悲观而过早地结束营销项目导致错失机会（见图6-5）等情况。

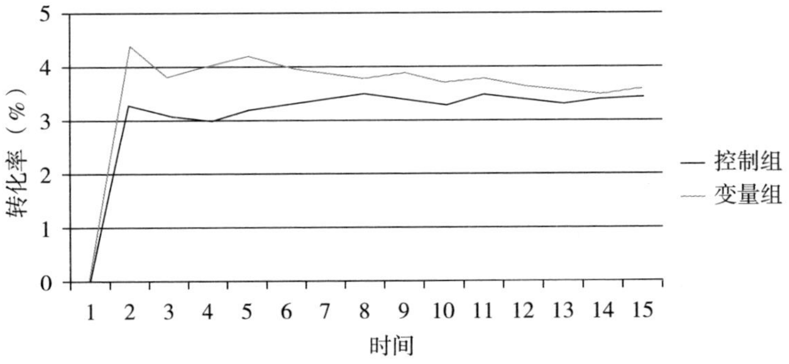

图 6-5 广告投放中的控制组与变量组的不同表现

所以千万别掉入这个陷阱，因为此时你看到的不过是均值回归。也就是说，如果某一指标在第一次评估时出现极端结果，在后续的观察中，该指标可能会逐渐趋向平均值，而小样本尤其容易生产极端结果。

注意，A/B 测试一定要保证完成了一个小的业务闭环。

可口可乐是著名的“市场调研”受害者。1982年，可口可乐被百事可乐的一则广告打了个措手不及，原本70%的市场份额急速减少。百事可乐声称消费者在预先不知道品牌的前提下，盲品了可口可乐和百事可乐，并且很多消费者对百事可乐打出了更高的分。于是可口可乐的管理层快速做出反应，在10多个城市以调查问卷的形式询问了超过3000名消费者：“您是否觉得可口可乐的口味应该更加柔和？”“您想试一下新的口味吗？”收到消费者对新产品的“口头认可”后，可口可乐投入重金在小规模市场中推出了新旧两款饮料，让消费者品尝哪款更好喝。得到反馈后，可口可乐更改了之前沿用近百年的配方，研制出一款口感更加顺滑、更甜的可乐。投入市场后它发现，大众对新口味并不买账，很多喝了多年可口可乐的消费买到新口味的可乐时感觉自己受到了欺骗。愤怒的消费者写信要求可口可乐将口味改回去。而可口可乐也不得不为这次错误的市场调研买单——在折腾了将近6年后，可口可乐又开始使用过去的配方了。

我们要认可可口可乐作为一家老牌的快消品公司在战略和试错上的经验。确实，其在将产品投放到市场上前做了一次小规模的试喝以测试市场反馈，但是忽略了一点：试喝时消费者不需要买单，而真正的消费者需要掏钱买单。这次测试并不是一个完整的业务闭环，人们对免费的商品有更高的忍耐度，特别是对他们此前没有接触过的“新商品”。没有走完业务闭环的测试让可口可乐在20世纪80年代末丢掉了超过20%的市场份额。

如果放到今天，敏捷营销人员会怎么做呢？

首先验证想法。

“消费者会因为口味而决定购买哪一款可乐”这一命题是否值得营销人员花费精力和预算去验证？这是敏捷营销人员在启动 A/B 测试项目前需要探究的。

互联网时代的常规做法是进行信息流投放：将三款除素材以外完全一样（受众一样、投放时间段等所有的变量都一样）的信息流广告投放出去，通过分析三款文案的点击率差异，确定消费者对可口可乐口味、包装、低糖健康中的哪个创新方向更有兴趣（要记住，测试点击率时不要选择误点击率高的广告位，比如开屏和霸屏等）。

三款文案如下。

“口味更好的新款可口可乐！”

“可口可乐！全新包装！”

“可口可乐，零糖，更健康！”

这个时候要注意，曝光和点击都需要具有统计显著性。一般来说，每一个变量都至少需要采集 10 万个曝光或 20 个转化，以防样本偏差为测试结果带来错误的结论。

假设我们希望通过变量测试，将原本转化率为 5% 的落地页优化成转化率为 15% 的落地页，并在进行了一些分析以后产出了 3 个新的落地页。那么在控制变量（也就是人群、文案、素材等条件相同）的前提下，这 3 个落地页分别需要多少曝光，才能得出具有统计显著性的数据呢？

表 6–2 是 Optimizely Caculator 在 95% 的统计显著性前提下给出的样本量建议。5% 的基准转化率和 10% 的转化率提升，至少需要 15000

个曝光，也就是花费15个CPM①，其得出的结果才具有参考意义。按照每个CPM花费40元计算，每个含有落地页作为变量的广告计划至少需要花费600元才可以获得有意义的数据反馈。

表6–2　在95%的统计显著性前提下的样本量建议

基准转化率	转化率提升		
	5%	10%	25%
1%	458900	101600	13000
5%	69500	15000	1800
10%	29200	6200	700
25%	8100	1700	200

即使在上一个闭环中得到了消费者的正面评价，获得了业务增长，也请不要高兴得太早，因为上次的成功很有可能是样本地域、测试环境等原因造成了统计偏差。敏捷营销人员分析上一次A/B测试中受众可能含有的样本偏差时，需要很清楚地意识到此前样本的局限性，比如当ofo在“北京的大学校园”这一场景中测试成功共享单车这一商业假设和闭环后，需要很清楚地意识到大学生消费者的正向反馈可能只代表这一细分群体的需求，即这一需求业务未必存在可以规模化的可能性。在规划下一次业务闭环时，其需要考虑的问题是白领是否有这样的需求，因而下一次测试的人群应该涵盖白领，接着再涵盖下一个规模更大的受众人群。反复实验，直到触碰边界。只要触碰边界，敏捷营销人员就应停下来梳理标准业务流程，将可以交给系统工具的工作流程自动化，招

① Cost Per Mille，即千人成本，衡量广告效果的一种基本形成。——编者注

聘职业经理人进行管理。

跨部门协作

有一个故事可以很好地阐述传统营销人员在部门协作中遇到的窘境。

营销部门经理A说："最近的营销做得不太好，我们有一定的责任，但是主要的责任不在我们。竞争对手纷纷推出新产品，这些产品比我们的产品好，所以我们也很不好做，研发部门要认真总结。"

研发部门经理B说："我们最近推出的新产品是少，但我们也有困难呀。我们的预算太少了，就连少得可怜的预算也被财务部门削减了。没钱怎么开发新产品呢？"

财务部门经理C说："我们的确削减了你们的预算，但是你要知道，公司的成本一直在上升，我们没有多少钱投在研发部了。"

采购部门经理D说："我们的采购成本是上升了10%，你们知道为什么吗？俄罗斯一个生产铬的矿山爆炸了，导致不锈钢的价格上升。"

所以结果是，销售情况不好是因为俄罗斯的矿山爆炸了。

这一窘境会被握有消费者数据的敏捷营销团队打破。消费者数据就像章鱼的触手一样，将这些各自林立的部门串了起来。

如果我们把消费者数据比喻为海浪，那么营销部门是在营销技术栈的赋能下接受第一波海浪洗礼的离岛灯塔。产品部门和供应商只能偶尔听到海浪的声音。只闻其声，不见其浪，因为能听见，所以需要传递。

营销部门将在社交媒体、产品主页的评论区等地方收集消费者所有有意无意的反馈。是的，营销部门不会再像以前一样，在营销活动失效的时候抱怨产品不够好了，因为他们的责任是帮企业获得更大的市场份额，而不是管理好每年的营销活动。为了达到这一目的，敏捷营销部门需要推进产品迭代升级，不管这个产品是一款 App、一盒感冒冲剂，还是一块毛巾。他们的职责边界将更宽，或者说只要有利于取得市场占有率，他们便没有职责边界。

迈克尔·波特定义的传统企业营销价值链如图 6–6 所示。

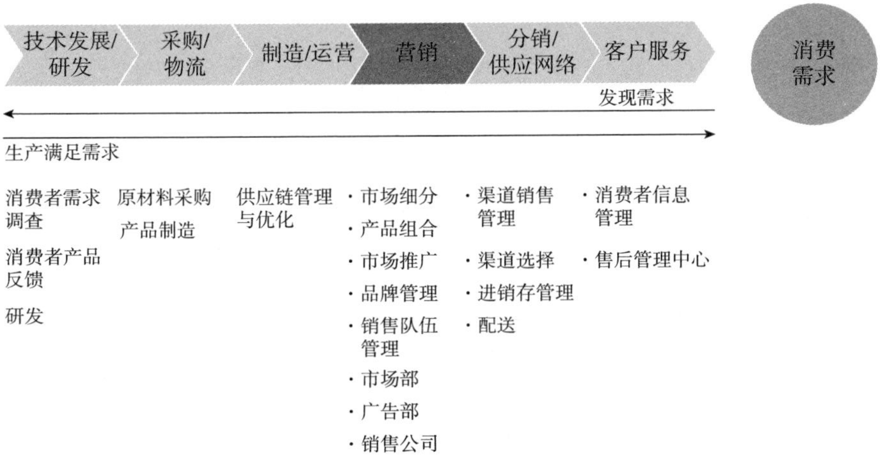

图 6–6　传统企业营销价值链

因为获取了消费者触达与反馈的核心数据，营销部门需要将这些信息毫无保留地分享给各部门，帮助它们围绕消费者构建更棒的消费者服务、产品及供应体系，形成敏捷营销价值链（见图 6–7）。

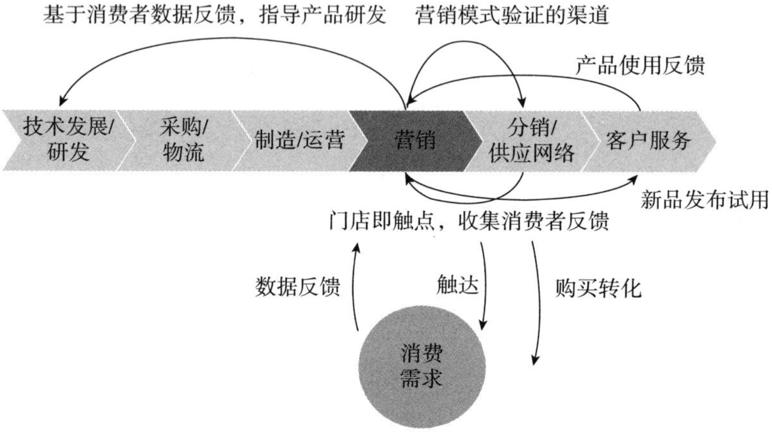

图 6-7　敏捷营销价值链

除此之外，要打破部门墙，最好的办法是取消部门 KPI，设定一个北极星指标。

我在与字节跳动的员工接触时惊讶于他们部门协作之高效。探寻原因时，发现“全局最优解”这个词经常被提及。其代表的含义很简单：每个人在公司内都会有自己的利益，当别人的利益与自己冲突时，会带来无止境的冲突和复杂的人际关系。员工在做决策时，分别以个人最优解、部门最优解、公司最优解为目标每个人也有完全不同的态度对待问题。

而北极星指标和围绕北极星指标构建的个人考核体系，则很有可能会打破这一窘境，即让员工时刻思考这么做是否考虑到了公司、用户、渠道这三个利益方的诉求，同时也提醒其他人，如果没有站在这一立场考虑问题，会面临何种状况。

从 0 到 1 搭建敏捷营销体系

鲸投项目是我从 0 到 1 搭建的一款一站式广告自动化 SaaS 平台，在软件研发过程中实践了敏捷研发的模式。完成最小可行产品和产品 / 市场匹配后，我在商业化的过程中遇到了以下绝大部分产品都会遇到的营销难题。

（1）市场中的后来者如何通过营销弯道超车？

（2）初期的营销经费和人员支持极其有限，如何将所有人力和营销费用的杠杆利用到极致？

在帮助广告主在信息流渠道进行媒介采买的过程中，我们发现大量的人力和精力被浪费在了重复的机械劳动上，比如混剪视频及跨平台、跨账号的素材分析工作。在中国，有 20 万的广告运营每天做着同样的事情，我们希望为他们提供 AI 混剪、素材的归因、交叉分析和批量搭建计划，以及一些自动化的广告投放规则，帮助他们更敏捷地迭代广告投放模式，从重复的劳动中解放，把时间用在对广告优化杠杆效应更强的创意思考和策略调整上。于是，鲸投应运而生，只用了两周，便完成了从想法到第一个版本产品的交付。虽然我知道产品最后要开发很多跨平台的功能，但在没有验证这个市场之前，我们能做的只有先通过最小可行性产品——一个自动发送 Excel 报表的工具去验证市场。我们将产品投入公司内部部门和外部的客户后，通过种子客户的反馈，不断迭代优化产品，扩展功能。

在产品上线 6 个月后，我们开始尝试产品的商业化。商业化的前 3

个月只收获了 10 个客户，原因是比我们更早进入市场的竞品在这个领域已经能够交付更多的功能，这个差距即使我们降价也赶不上。产品没有先发优势，比较被动，于是我们决定不再延续现有市场产品走过的路，而是重新定义产品在一个竞争极其激烈的市场中的独特的价值主张，为中小电商投放客户，显著增加 ROI。这个价值主张帮助我们在探索敏捷营销的过程中框定行业和客户的大小。

完成了最重要的确定价值主张这一任务后，搭建敏捷营销体系分为以下 5 个步骤。

第一步，制定营销部门围绕价值主张开展的工作内容和边界。

在初期的探索过程中，我们尝试过将不同行业、甲乙方作为产品试点，通过产品迭代探索了不同市场对产品的反馈。最终我们决定将独立电商作为我们的细分客户群。这意味着我们在很长一段时间内要放弃更大量级的行业，比如游戏和教育。

而电商行业的投放与品牌主不同，每投放出去 1 元，都要有超过 1 元的收益，也就是对 ROI 的极致追求，对人效提升的需求反而不强烈。其价值主张不是围绕产品功能，而是针对细分客户的痛点。以价值主张作为营销宣传可以帮助客户在做多项选择时更容易想起我们，这意味着我们不需要购买和竞争对手一样多的广告去宣传同样的价值主张，能够大幅降低前期市场推广所需的营销活动预算。另外，独特的价值主张需要在产品迭代的过程中不断优化，适应不同阶段的产品和解决方案定位。

第二步，基于 SaaS 行业的生命周期节点定义属于我们自己的指标拆解方法论，进行数据收集和指标定义，开展相关营销活动（见图6–8）。

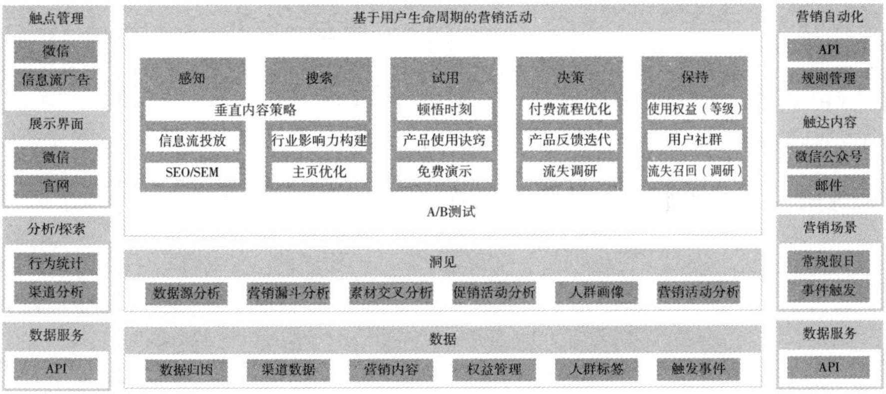

图 6–8　基于生命周期的营销活动

第三步，绘制用户旅程。

（1）对每一个用户旅程下的指标进行详细的拆解，将指标中优化杠杆效应最大的活动设置为优先级最高的待办事项。

（2）梳理用户在登录官网到完成付费的过程中，尤其是使用核心功能的过程中的行为数据。

（3）如果无法监测，则无法优化。所有的营销活动都会以官网为承接页面，所有访问官网的用户都会计入活动调研数据。

（4）漏斗指标监控体系。

一般来说，SaaS 的营销推广分为三个阶段，代表不同的产品形态。在第一阶段，产品只打磨一个功能，将 SaaS 作为一款降本增效的工具交付给客户。当这个工具做到行业第一、第二时，则进入第二阶段，产品开始可以横向地扩展功能，满足客户在现有的业务闭环和流程中希望效率更高、成本更低的诉求，通过更完善的功能优化客户的现有业务流程，帮助整个部门提升效率。当前两个阶段积累了大量的数据后，SaaS企业需要通过增加产品线或与其他软件集成等方式，提升自己的解决方案在整个公司的影响力。这期间可能涉及AI、咨询等附加值更高的业务合作，也会将其优势融合到现有的解决方案中。

第四步，设计可以完成一次敏捷营销活动执行的闭环，并确保其符合最小成本试错原则。

开始头脑风暴，并在Backlog中管理待办事项，定义营销活动的优先级。

市场营销人员有权在突发奇想的营销点子产生时将这些可能带来意料之外增长的营销活动写进Backlog待办事项中。不需要写出详尽的执行方案，短短几句话即可。这些点子的灵感也许源于竞品、对消费者的洞察、行业的通用案例、快消品行业营销方式、可能实现的跨界应用，等等。当然也包括线上线下不同的营销活动需要的IT和数据支持工作，比如数据归因、落地页制作、报表搭建等。这个阶段最重要的是不做太多假设，将所有能够影响北极星指标的营销待办事项全部写在Backlog中，每周或每两周对这些待办事项进行排序。在项目初期人手和预算不够的前提下，我们需要开拓自增长渠道，营销活动类型的优先级排列如下：

低成本常规获客渠道拓展＞渠道铺设＞垂直媒体内容发布＞行业会议＞防守型营销（跟进、复制挑战者的营销模式）＞事件式营销

对于更加成熟的行业来说，这个优先级有可能与上文极为不同，所以要清晰地意识到自己企业所处的阶段。一个需要以“警察”的方式“守财”的营销部门如果用了“海盗”的营销方式，有可能会丧失自己辛苦建立的竞争优势。

举个例子，作为市场的后来者，我们在监测竞争对手的营销模式的过程中发现他们做得最多的长期投放是对垂直媒体的投放。这时，我们需要做的是了解他们过去广告素材的表现和进行投放的媒体，以便在第一时间知道其付费媒体采买情况；同时我们发现，有很大一部分竞争对手的 SEO 存在缺陷，甚至没有给自己的品牌申请商标。

第五步，拆解敏捷营销活动并完成第一轮迭代。

通过媒体监控数据工具，我们发现竞品在知乎的投放持续了超过一个月，那么我们基本上可以确定知乎会是一个 ROI 还不错的媒体渠道。

为了验证这个假设，我们决定测试一下知乎。图 6-9 是 Sprint Retro 的模板。相较于花钱直接竞争，我们选择了成本更低的方式。我们围绕知乎这个渠道建立了 3 个成本更低的营销活动：第一，以“鲸小投”这个更加拟人化的名字注册官方知乎号，每周固定输出垂直内容获客；第二，以知乎体软文的形式，回答与信息流广告相关的问题，比如“月消耗突然到了 1 千万是种什么样的体验”；第三，在知乎上寻找垂直行业粉丝较多的 KOL，将其发展为软文和推广渠道。

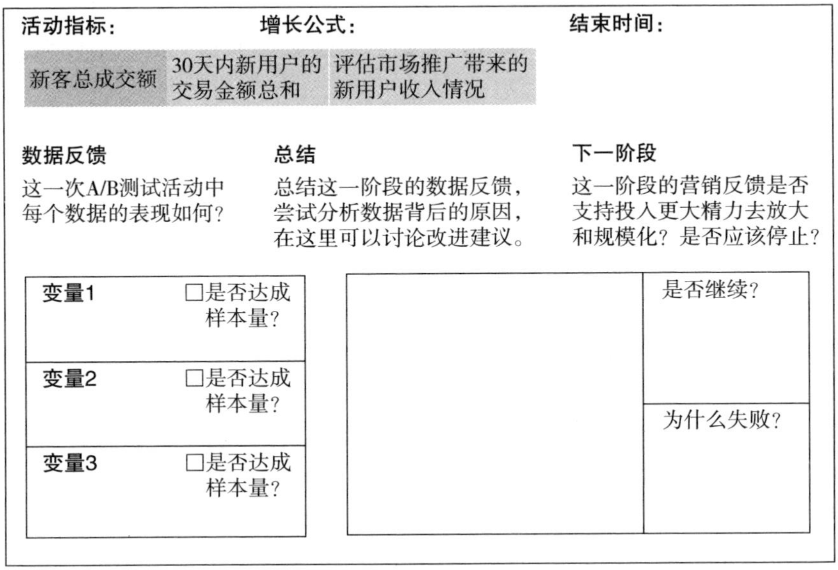

图 6-9　Sprint Retro 报告模板

图 6-10 是基于数据反馈对第一次营销活动进行的回顾。

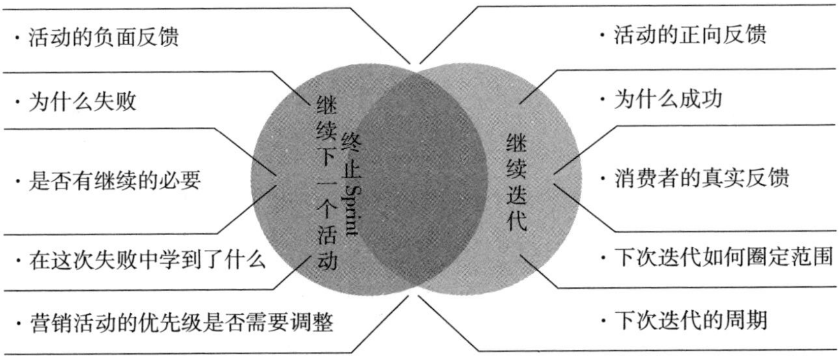

图 6-10　Sprint Retro 回顾

以上3个营销活动帮我们在一周内完成了所有的数据监控。落地页的埋点、不同的文章、知乎来源页，甚至不同KOL发出的折扣码带来的客户都会有唯一的监测码。将这些前端数据归因与后端的付费数据打通，让我们就能够测试出3个微型营销活动的ROI，以及3个落地页的效果、软文的内容、每一个KOL的表现。从产生想法到完成所有准备工作，我们仅仅花了2天。在两周的Sprint营销活动冲刺后，我们对这三个方向的营销活动及其包含的所有变量进行了评估。最终总结发现，回答信息流广告相关的问题带来的自然量最多，也梳理清了这个营销活动与不同的落地页的关系。在下一次Sprint迭代时，我们生产了更多这个类型的文章，并收集反馈，再增加投放预算。

在Sprint Retro的过程中，我们其实不需要知道数据反馈背后的原因，因为每个人对数据的解答都不尽相同，也不能保证准确，我们只需要保证这个方向的迭代带来的客户数量变化趋势是上升的，只有趋势不再呈上升趋势的时候，才需要停下来，确认是否应该改变或调整营销活动或媒体、渠道等变量。

第七章　营销技术栈的选型和搭建

拥抱营销技术

营销技术是营销人员能够更快地执行和分析营销活动的基础。没有营销技术栈支撑的、由 10 个人组成的营销部门，一年能够高效执行的营销活动数量不会超过 10 个。在给同样一群人装备了趁手的营销技术兵器以后，这个数量可以迅速增加到几百甚至上千个。企业在自研或采购营销技术栈的同时也要问自己，这个投入能否提升开展营销实验的能力，并对那些模棱两可的解决方案报以谨慎态度。

一些领先的机构已经对营销技术的使用十分熟练了。在中国，最早拥抱营销技术的是银行与零售企业，内容管理系统、网站分析（Web Analytics）、营销自动化（Marketing Automation）、A/B 测试工具等一系列营销技术已经在银行与零售企业中取得了一定的成效。

不要被这些技术名词“吓”到，敏捷营销人员不需要与机器学习的工程师、技术人员讨论深度学习或者协同过滤的模型，市场上已经有足够的营销技术专家在等着你们去拥抱他们。你要做的就是开放自己对业务的了解，拥抱这些数字化工具，它能帮助你解决绝大部分的重复性机械劳动和大部分分析活动。

事实上，品牌主正在逐步增加营销技术栈方面的预算，在营销技术栈搭建和采买方面的投入从少于 5% 到超过 10%。

以银行的信用卡中心为例，CMS + CDP 营销组合是近几年搭建营销技术栈的标配。美国第一资本金融公司（Capital One）——从单一业务的信用卡公司迅速成长为全美排名前十的资产管理公司，一年在营销技术和实验上的花费超过其营收的 22%[①]。

为什么企业搭建营销技术栈可以促进业务增长？为什么现有的员工以更长的工作时长也不能达到同样的效果？其实这在 Adobe 的一条时长为 1 分钟的广告中得到了很好的解释。

> 一群劫匪进入一家银行进行抢劫，其中一个劫匪的身份被一个银行柜员认了出来。柜员战战兢兢地问他："你最近是否在看房产相关的资讯，如果是，我可以给你全行最低的利率。"劫匪觉得很心动，但是同伴提醒道："我们是在抢劫！"视频的最后，那个劫匪折返回来问柜员："请问你刚刚说的贷款利率的优惠，可以直接发到我的手机号上来吗？"

这个故事包含营销技术栈中以下的内容。

---

① 数据来自麦肯锡《国际领先银行用大数据创造大价值》。

（1）近场识别，基于 Wi-Fi 探针或者蓝牙技术识别顾客的移动设备信息。

（2）将这个设备号与银行 CRM 系统打通，识别携带这个设备号的客户在这个银行的基本资产情况。

（3）将 CRM 系统与网站分析系统打通，知道这个用户在银行官网上浏览过房产或助学贷款资讯，并进行标签化。

（4）多渠道触点整合。银行需要整合多方的可用的用户触点，包括短信触达、App 推送消息、呼叫中心等，甚至是外部的投放媒介等其他对用户的直接触达。这一应用场景甚至可以基于营销人员的配置形成自动化营销的工作流。

对于不懂营销技术的人来说，这是天方夜谭，但其实现在的营销技术已经十分成熟。

为什么营销技术在现实的商业世界中的应用其实并不广泛？关键在于多营销技术的整合问题。我们必须要认识到的一个现状是，大部分营销部门对 IT 的使用是不完全的，而 IT 部门掌握着最珍贵的数字资产。如果需要构建一个如此繁复的营销技术栈，最简单的方法便是外部采购。不同公司的不同软件之间存在不适配和数据指标不统一等问题，导致多个营销技术工具无法很好地协同。也许这些工具解决了当前某一个业务问题，但长期来说，如果没有业务目标，搭建营销技术栈只是在技术成本之上徒增成本。

以下是敏捷营销人员需要了解并掌握的营销技术栈应用细节。

（1）对素材库进行统一的管理，包括对外的宣传物料和对内激励转化的权益。

（2）需要学会使用 CDP。CDP 是营销人员用的 CRM。如果你有一个好的营销技术供应商或者自己的技术团队，帮助你将各渠道的数据进行汇总、清洗，那再好不过了，因为数据清洗和汇总占据了 CDP 部署的大部分工作。不管是使用面向 B 端的集客营销模式，还是使用面向 C 端的直接销售模式，敏捷营销人员在 CDP 上最主要的任务都是管理客户的标签（包括动态和静态标签）及基于人群、渠道、对触点的洞察配置自动化营销策略。与 DSP 策略不同，CDP 上的营销模式主要是关怀存量客户。

（3）数据管理。现在越来越多的广告主开始自己构建数据管理平台（DMP）了，在采购 DMP 时必须要考量的是，对方的数据源和标签逻辑是否贴合你现在的业务。基于手机软件开发工具包采集的应用活跃列表生成的标签，和基于电商平台中的浏览及购买数据推测出的标签，可能会将同样一个设备标记为特征迥异的客户。举一个极端的例子，一个家里囤了 300 只口红的女孩有可能是虎扑的忠实用户。对于可以在线上直接产生交易的品牌来说，带有电商行为数据源的 DMP 是价值最高的；而对于游戏应用开发者来说，软件开发工具包的数据在营销上作用更大。但是近几年因为主流媒体的 OCPM 算法日渐成熟，所以大部分广告主失去了自己管理广告相关数据的动力，将广告优化的工作都交给巨量引擎和腾讯广告这样的平台。

（4）算法。我猜你会觉得，让一个营销人员去了解算法很没必要。但事实是，掌控数据的技术公司在相关推荐和交叉营销上可以改进的空间太大了。2019 年夏天，我决定在某购物平台购买一款 Surface Pro 的电脑，在我下单后的一个星期，只要我打开这一平台的主页，平台给我推送的广告都是 Surface 的笔记本电脑。之所以产生这个问题，是因为业务人员没有参与推荐算法的研发工程。敏捷营销人员不需要懂得随机森林如何剪枝或实现梯度下降，但是他们需要参与用户分群、推荐、CTR 预估等与自身业务相关的算法研发或外采环节，为数据科学家和挖掘工程师提供最贴近业务的指导。毕竟数据模型的准确度再高，若无法解决营销业务的问题，也都是在徒增成本。

所有企业都希望从零开始搭建一个适合的技术栈，但不管外采还是自研，都需要很长的投资周期。就像传统的软件研发一样，如果一开始就想搭建一套完备的营销技术栈，那么其项目在最开始就已经注定是失败的。这样的项目往往因为实施和采买的周期太长，短时间内无法直接见到业务产出。很多时候，项目研发或采买的技术栈根本不符合业务人员的需求，到最后只有一地鸡毛，营销人员不得不重新捡起荒废已久的 Excel。

2018—2019 年由阿里巴巴带起来的“中台风潮”是一个完美的技术栈原型概念，但如果为了搭建中台而搭建中台，往往最后会在看不到尽头的交付期中迷失方向。营销技术栈应该基于解决某一个最紧迫的业务痛点而搭建。这里有两个词尤其关键——紧迫和痛点。在现阶段，占据营销人员时间最多的工作，是产生最大的直接业务价值的工作。

可以从以下 6 种业务场景入手寻找。

- 品牌认知（Awareness）

品牌认知包含社交媒体的运营，付费信息流媒体的投放与管理，在线会议的筹划与举行。

- 网站落地承接（Website）

网站落地承接包含本地化的网站维护，网站建设，落地页优化，SEO。

- 数据管理（Data Management）

数据管理包含多渠道数据的归因，消费者信息管理，CRM，用户旅程管理，消费者生命周期管理。

- 复购活跃（Re−engagement）

复购活跃包含营销重定向，自动发送邮件、App 推送、短信等。

- 消费者互动运营（Interaction）

消费者互动运营包含社交媒体的评论管理和回复，售后服务，顾客沟通等。

- 产品迭代（Product Iteration）

产品迭代包含基于消费者反馈的产品迭代，跨部门沟通，产品迭代进度监控，项目进度监控。

营销技术或者数字化不是结果，是保证企业比对手更快、更敏捷的基础建设。

以上提到的 6 种业务场景所需的营销技术栈大部分可以考虑外采，此外，企业需要将与消费者数据相关的底层数据处理、模型、管理报表这样具有很大差异的技术栈纳入自研的范畴。

营销技术栈包括：

- 数据
- 营销软件
- 算法

营销技术栈对于营销人员的价值在于，将创意策划、媒介采买、SEO、数据采买等一系列需要 4A 公司、第三方数据公司、广告技术公司的帮助才能够完成的营销链路"继承"过来，用更高效的方式触达消费者，也就是通过优化市场营销部门现有的营销活动执行流程，包括将常规的节日性营销活动自动化以及缩短新的营销测试周期，让市场营销部门在同样的人员配置下一年可以进行更多的营销测试。

没有营销技术栈，你需要在微信小程序后台、天猫、抖音去看每一个营销活动的结果；你需要联系代理公司进行媒介采买；你需要使用 Excel 管理你的老客户；你需要手动编辑短信、邮件给所有客户；你还需要对销售和营销活动进行预测，对多渠道的媒体投放进行建模归因，通过过去优秀的营销活动沉淀营销策略。

敏捷营销人员学会使用各个营销技术栈后，构建营销活动的流程将由以下这 8 项构成。

（1）基于营销云构建目标人群的用户画像。

（2）基于精准的用户画像，将原始素材导入动态创意优化平台（DCO），自动生成多个创意。

（3）通过交易平台管理 DSP 发起流量采买的指令，在竞价时需要实时通过 DMP 调整流量采买的优先级。

（4）在分析渠道归因时，通过第三方数据监测实时分析营销活动的投放效果。

（5）用户在产品中产生了交互行为后，使用行为分析软件（比如谷歌分析、Marketo、Mixpanel，国内用得更多的是 SCRM、小程序分析）进行用户触发的事件管理。

（6）与 ITBP 通力合作，为 CDP 汇集多渠道数据来源，梳理指标体系，对用户数据进行归因处理后快速将数据返回交易平台，分析营销活动的投资回报率，发到 CRM 并对生命周期进行打分，同步到营销自动化平台，作为触发条件的事件管理和细分人群数据依据。

（7）使用 CDP 之上的营销自动化组件对“触发了某个事件，采取什么行动”的规则制定并配置自动化营销策略。在某个节假日、促销日的关键时间节点，将相对高转化率的触达方式、渠道、文案等一系列相关变量作为模板进行保存，在需要重新用时只需点一个按钮即可。

（8）在下一次营销迭代中放大正向 ROI 的营销活动，包括精准人群的触达策略，将用户向更有价值的生命周期推进和召回的促销及拉活活动等。

这一切都可以由两到三人组成的敏捷营销小组在一天之内完成。而在过去，从创意简报到 4A 执行，反复的改稿加上媒体排期可能需要 3 ~ 6 个月甚至更久。而这个广告带来的数据反馈，也许会在明年才能体现。

与业务场景契合的营销技术栈将帮助营销人员更快地完成从执行到

数据反馈，再到迭代优化的过程。

营销技术栈的使用场景分为以下 7 种：

- 营销效果归因（Channel Attribution）
- 营销组合模型（Marketing Mix Modeling）
- 用户数据管理（Data Governing）
- 销售预测模型（Sales Prediction)
- 营销自动化工具（Marketing Automation）
- 动态创意（Dynamic Creative Optimization）
- 对外精准营销（Outbound Precise Marketing）

特别访谈　斯科特 · 布林克尔谈营销技术发展变与思

2019 年 6 月，本书采访了斯科特 · 布林克尔——营销技术这一概念的创始人，他同时也是 Hubspot 的生态 VP。他从 2011 年开始整理全世界的营销技术公司图谱，帮助我们见证了营销技术服务商从不到一百家到今天的近万家的发展变化。以下是采访内容。

问：为什么当初会有整理营销技术公司图谱的想法？因为这其实是一件工作量很大的事情，我没有记错的话，2018 年有 5000 多家，到 2019 年已经有 7000 多家了。

答：我也震惊于营销技术公司数量和量级的成长速度，2011 年我第一次把它们聚集在一起，其实是为了告诉CMO，营销将变得越来越依赖与营销相关的技术。对于CMO来说，如果能提前预知这个趋势，就能提前招聘相关员工以使用包括SEO、CMS、社交管理平台、营销自动化在内的技术。对，这是我最初的目的。但这不是一个指南，因为构建营销技术能力需要比这个多得多的认知和努力。我做的事只是告诉他们，在更高的维度，技术如何渗透营销的每一个环节。

问：为什么你当初会觉得营销技术是未来营销领域的大趋势？

答：当初很确定的是，这个世界将会朝数字化的方向发展。消费者正在往更加数字化的渠道聚拢，最开始从搜索引擎中看到某个平台，然后在各个网站、社交媒体上了解产品或服务，最后在电商平台下单。他们与品牌的交互以及交易行为变得越来越数字化。这个趋势几乎是必然发生的。如果消费者变得更加数字化，那么品牌也需要迎合这个趋势，那么软件（也就是营销技术）将是两者之间的桥梁。我们没有其他选择。

问：你怎么看广告技术到营销技术的发展？

答：我一直觉得广告技术是营销技术的子集之一。因为我对营销技术的定位一直都是在品牌与消费者产生连接的过程中会涉及的所有技术，虽然广告技术的使用者一直都是媒体或4A广告公司，但其本质上并没有偏离我对营销技术的定义。

问：我有不同的看法。我认为，如果一个品牌的营销部门用营销技术栈全副武装自己，包括DSP、CDP、CMS，到那个时候，我可以用DSP进行媒介采买，用CDP直接与我的消费者进行交互，用CMS＋动态创意工具集中管理我的营销物料，那么我为什么还愿意将营销预算的 25% 交给广告代理公司运营？

答：我同意你的想法。当我提到广告技术的时候，不代表它一定是被广告公司使用的技术，比如，SEO 工具属于广告技术，但它已经被很多营销部门投入使用。除此之外，还包括对广告和活动的管理，这些其实都是广告技术。但就像你说的，如果我有 CDP、DSP，那么我对现在的广告公司的依赖程度会更小。

问：你最近提到了营销技术的第二个阶段，也就是营销技术将从一个个分裂的软件发展为一个围绕某一软件建立的生态体系，为什么？

答：我发现营销领域中的软件越来越多了，而且人们设计和生产一个好软件的成本也越来越低了，这也是为什么营销技术图谱中的供应商数量越来越多，每年都呈指数级增长。所以这个领域中最有价值的事情反而是将这些供应商的软件整合起来，让它们产生协同力。对于营销人员来说，相较于使用一个个相互独立的营销软件，更高效的方式是在一个开放的平台上构建不同的应用，微信就是一个很好的“大应用”例子。那么，在单一的营销技术领域，CDP 会是一个很好的共通平台，因为 CDP 最主要的定位在于连接不同的应用、数据，并将其汇聚到一个可执行策略（Strategy Execution）的中心。在第二个营销技术黄金年代，构建生态更让人感到兴奋，因为我觉得在下个十年，伴随着可供使用的软件数量增长，营销人员将真正感受到营销技术带来的便利。

问：中国和美国的营销技术的最大的不同是什么？

答：我注意到的最大的不同是两国主流平台的延展程度。BAT 的业务范围边界更广，它们在中国市场有更多的优势。当然谷歌、脸书这样的公司在美国也有更多的优势，但它们的优势更多地建立在合作伙伴足够成功的基础上。其实美国的数字营销更多发生在巨头之外，比如邮件营销、渠道销售等，所以美国的营销人员在选择媒体时会更加有话语权。在中国，我知道现在有越来越多的直接可获取的渠道资源，但是你还是需要与腾讯这样的公司有很好的连接，包括数据和媒体资源对接，以确保品牌在数字营销中不落下风。一句话总结就是，中国的营销平台更加强势，美国的营销平台更像一个生态系统。我不评判哪一种方式更好。

问：认识到两国的不同后我想知道，美国和中国在营销技术领域会有怎样不同的发展？

答：这是个很好的问题。至少现在我能确定的是，基于营销技术的发展，品牌与消费者的交互一定会越来越频繁地在营销技术平台中进行，品牌与消费者的关系会更加紧密。所以对品牌来说，除了发展营销技术能力，更好地构建与消费者的关系的能力也至关重要。举一个美国的例子，越来越多的公司希望它们的营销活动能够更加敏捷，它们希望更快地评估和执行营销活动，与消费者产生更多的连接。我相信在中国也是一样的。

问：营销技术包括很多软件和服务能力，为什么 CDP 在这几年被大家讨论得最多？

答：这其实回到了我们之前关于营销技术的生态系统的讨论。市面上有如此多的营销相关技术、多渠道的数据源，还有数以千计的触点，作为营销人员，要想打通一个“中心软件”，打通其他的数据和触点的优先级是最高的，也是搭建营销技术应用的底层能力。CDP提供的统一管理所有用户的数据标识、整合所有渠道、管理所有的营销活动的能力是所有营销人员都需要的。

问：现在，会频繁使用营销技术的公司的行业占比不超过20%，如果这个数字增加到80%甚至100%，广告公司、品牌和消费者的感知将会有怎样的变化？

答：在品牌中，营销技术将渐渐变得与工作密不可分，变得像现在人们几乎每天都会使用的笔记本电脑和Excel一样。营销自动化工具承担了很多营销人员过去的繁重工作，再重新拾起过去低效率的工具会变得十分困难。

对于消费者来说，即使是现在这个技术较发达的时间点，很多消费者对于包括广告在内的营销内容抱有消极态度，觉得体验不佳。比如，不同的消费者在同一平台获得的体验可能天差地别。当有一天所有的营销技术都被连接在一起并被营销人员很熟练地使用时，消费者对于营销和广告的体验将得到前所未有的提升。这将会是营销技术发展过程中的高光时刻。

问：最后一个问题，如果你在一家广告技术公司做顾问，你会怎么建议其进行营销技术转型？如果在一家传统的品牌公司，你又会怎么做？

答：如果我在广告技术公司，我一定会花更多的时间将自己的业务抽离出来，了解营销技术领域其他公司和品牌主的需求。就像我之前说的，广告技术只是营销技术中的子集之一，而且相对来说，是整个用户旅程中的一个很小的子集。所以发展运营用户生命周期的能力，将是未来广告主对广告技术公司或代理商的基本要求。

至于传统的品牌，毫无疑问，它们比其他公司更加需要营销技术和敏捷营销，对 CMO 的能力也会有新的要求——管理和维护与用户的关系的能力。

主流营销技术栈的发展历程

虽然近几年才开始有营销技术这一概念，但企业使用技术手段提升营销和产品迭代效率的历史已超过 40 年。

梳理社会的变迁会发现，营销技术的发展可以大致分 4 个阶段。

1. 以 ERP 为代表的供应链管理（1980—2000 年）

品牌 = 供应链 × 销售 × 存货

改革开放后，大量农村人口涌入城市，企业产能有限，导致大量商品供不应求，产品放到货架上立刻被抢购一空的场面对于老一辈的人来说还历历在目。

这个时候，ERP 作为企业的核心营销技术大行其道。ERP 的概念从 1990 年被提出后一直作为传统的生产企业在 IT 管理方面第一重要的技术栈，对企业商品的进货、销售、存货数据进行管理和分析。在供不应求的市场大背景下，企业的竞争优势在于谁能够更有效地缩减产品从原材料到加工到完成的时间，能够快速将有明确市场需求的产品销售出去。

在那个时代，供应链为王。掌握了更加高效的运营供应链的企业，能在大规模生产时更好地控制成本，用低价刺激消费者购买，形成更好的现金流，从而对原材料端有更强的议价能力，进一步缩减成本，进一步正向循环。

2. 以 CRM 为代表的渠道管理（2000—2010 年）

品牌 = 大媒体 × 大渠道

此时，大量下海的企业主发现批量生产出来的产品卖不动了。市场由供不应求大步迈过了供求平衡阶段，头也不回地向供大于求的阶段走去。进销存的管理看起来没有那么重要了（见图 7–1）。

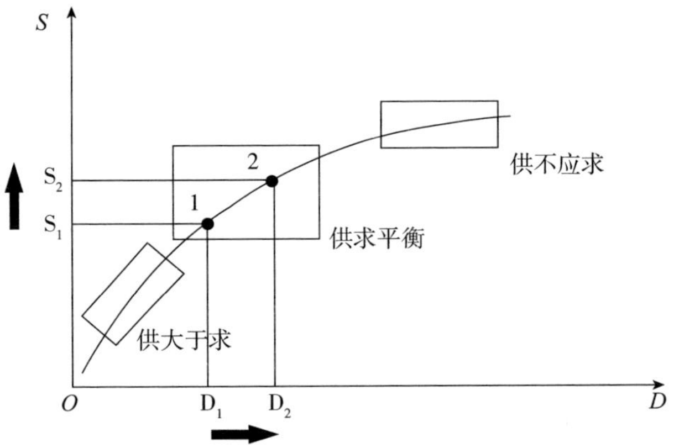

图 7–1　供求关系

20 世纪末，以联合利华和宝洁为代表的外资公司，伴随“江南皮革厂倒闭了”的背景音登场。一时间，主流媒体都被“海飞丝”“多芬”等日常消费品的广告覆盖，其强大的分销渠道，让你不管在多么小的县城、多么小的商店，都能够以便宜的价格买到这些国际大牌的产品。消费者有什么理由拒绝呢？

为了快速获得市场渗透度（Market Penetration），外资企业开始在主流媒体投放大量广告，在产品获得社会认知度后，开始广铺渠道。

那时，得渠道者得天下。因为有了销售渠道，利润会带动更多的主流媒体广告投放，并锚定更深的消费者认知，这代表有更多的产品被售出，而利润又保证了供应商的议价能力。

这一时期的操盘手是段永平，其创造的品牌包括 OPPO、vivo，以及小天才电话手表，它们都是在大渠道、大媒体的增长飞轮下获得成功的品牌案例。

但是大渠道、大媒体战略下最大的问题是供应商管理。

对于当时大部分直接面向消费者的品牌来说，采用 CRM 是为了管理分销商的销量完成情况。而在供过于求的社会，协同使用 ERP 与 CRM，能够让企业更好地对每一个地区的销售情况进行分析和预测，大大解决库存积压的问题。也是那个时候，数据挖掘第一次发挥其业务价值。

3. 以 DMP 为代表的精准营销（2010—2020 年）

品牌 = 互联网媒体 × 场景细分 × 数据

随着 21 世纪的到来，世界正式步入互联网时代。硅谷让全世界技术狂热者趋之若鹜。而在硅谷成长起来的互联网巨头雅虎（Yahoo！）完全颠覆了过去的媒体，也颠覆了人们对品牌的定位。这些来自硅谷的天才第一次将一个广告位分成多份、贩卖给不同的广告主。这一做法有多大意义？

过去你在《时代周刊》上刊登广告，报纸一天一个版面大概只能有24000美元的收益。要知道，这些花出去的钱，你不知道有多少是被浪费的。

同样贩卖24000美元的主页广告，雅虎可以将同样时间的广告位拆成3份，每份以10000美元的价格卖给不同品牌，并承诺看到这些广告的人都是品牌的目标客户。

怎么做呢？依靠DMP。这个平台存储了大量Cookie（由电脑的访问IP生成）在雅虎浏览过的资讯内容，并以此生成标签。它们可以告诉广告主：经常浏览NBA资讯的人更有可能是运动商品的目标客户，经常看美妆频道的用户更可能购买化妆品。

雅虎“免费使用+广告收费”的互联网盈利模式一直延续至今。因为掌握了数据，雅虎对广告主有绝对定价权。

而后，越来越多的互联网媒体开始兴起。在中国，PC端的搜狐和百度，移动端的阿里和腾讯，以及一众小而美的媒体开始支持这样的广告投放形式。而广告主在不同的渠道投放到一定阶段会发现：“不行，这些Cookie和移动设备号应该属于我。”于是4A公司开始搭建给代理商用的DMP，再后来，广告主开始搭建一方DMP。

DMP的大量使用象征着品牌主第一次拥有与自己的用户有关的数据——被该广告主曝光过广告的人群，并且应用场景基本限于重定向（将对自己品牌有兴趣的人用其他素材、文案、媒体进行广告再触达，提高投放效率）或者进行用户画像分析（通过媒体返回的数据描述对广告感兴趣的人群，比如男女、购物偏好、地理位置等），而这些能力能够很好地降低投放成本，虽然也有可能只是暂时降低。

4. 以 CDP 为代表的用户关系的建立（2020—2030 年）

企业价值 = 用户留存 × 用户生命周期价值

21 世纪的第三个十年属于大数据及其衍生出来的人工智能等技术。经历了起伏，广告主在行业发展低谷发现，大数据最好的应用场景之一便是营销。在大数据时代，手握数据的一方有着很大的定价权。于是互联网媒体成本开始疯涨，广告主苦不堪言。

在用户获取成本跨越用户生命周期价值后头也不回地向上扬起时，广告主坐不住了：既然成本控制不住，那就只有提高用户价值一种方法了（见图 7–2）。

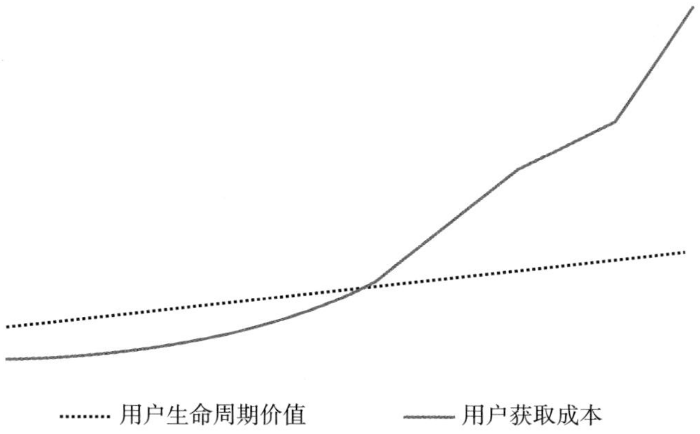

图 7–2 用户生命周期价值与用户获取成本曲线

更加重要的趋势是，消费者开始变得任性。何谓任性？就是要在一些相同的产品中间做选择时，任性的消费者会选自己喜欢的，纠结的消费者会考虑爸妈的感受、朋友的评价、同事的看法。我们在“80后”和“90后”群体中很明显地看到了这一分化。

对于包括快消品在内的零售企业而言，触达消费者变得难上加难。事实是大部分品牌没有门店，消费者与品牌唯一的沟通渠道被经销商，即大型商超和小型商店阻断。用户与品牌的交互，甚至其购买数据都无法流向品牌。品牌与消费者产生连接的方法似乎只有投放广告。

企业需要花费大量精力满足不同喜好的消费者，但投放广告这一方式的成本实在太高。于是企业需要将微博、微信等渠道的客户汇集到一个中心平台上，并由品牌集中进行管理，对不同爱好的消费者、不同生命阶段的消费者采取不同的运营手段。

于是CDP应运而生。

企业今天的竞争优势源于与消费者建立了无可比拟的消费者关系。

CDP存在的意义只有两个：通过与消费者建立连接，降低广告投放费用；通过构建敏捷营销策略，提升消费者对品牌的价值。

这个时代，掌握了与消费者直接沟通的渠道的品牌将占尽先机。并且在可以预见的未来，我们会看到更多通过微信小程序等渠道直接与消费者产生交易和连接的小品牌兴起。

CDP 代表的消费者经营能力和用户运营中台

高德纳咨询公司对 CDP 的定义是“这是一个营销平台，它统一公司从营销到其他渠道产生的所有消费者数据，提供的功能包括多渠道的活动管理、标签管理和数据整合”。

我有幸在 2018 年年初接触到 CDP 产品，并参与了世界 500 强企业的 CDP 搭建工作，而后在国内的广告技术公司掌众科技主导研发过 CDP。

我认为，关于 CDP 最重要的是，营销人员在搭建所有与用户有关的技术栈的时候，需要一个中台汇总多源的数据，整合多个触点，并将与消费者相关的数据分发到不同的数据应用中。

用斯科特・布林克尔的话来说，CDP 将作为一个基础的共通平台对接客户自己的数据库，新增的数据应用，比如营销自动化和精准触达。将过去由 IT 部门负责的用户数据拉上拉链，打包给营销人员使用。

CDP 甚至不需要是一个完备的数据平台产品，它也许只是一套 ID 映射解决方案，甚至只是一个由实习生管理的 Excel 表格。只要能够解决企业在消费者管理中最重要的痛点——多渠道消费者的归因与分发，我们都称其为 CDP。

虽然 CDP 的全称是用户数据平台，但是这个平台最有价值的既不是用户也不是数据，而是营销人员通过 CDP 和营销自动化平台结合后在平台上构建的策略。这是史上第一次，营销人员可以实时监控自己的策略表现。CMO 可以精确地知道：“‘双十一’之后媒体投放会有大部分假量”“二线城市的消费者对打折权益的响应率比一线城市高

15%”“Gloria 写的行动号召比 Amy 转化率高 20%”。

CMO 不必再像以前一样，每年盯着三四个 S 级（企业会将每年的营销活动分成 S–A–B）的营销活动，营销活动的投入产出至少需要等到财务部门在年底公布财报以后才能得知。

为什么我需要这个？它能帮我解决什么问题？

自动化配置营销活动的基础，是在不增加活动营销人员的基础上大幅度提升每年的活动数。特别是在对老客户进行营销的方面，所有行业中的先行者是银行，主要是因为 4 点：一是银行的用户数据管理在所有行业中是最好的，不管是对用户画像的应用还是明细的用户分群，都不会像其他行业一样对数据处理产生比较大的阻碍；二是银行的产品线十分多，从信用卡到结构性存款，各种风险偏好、收益、捆绑服务等产品特性都可以作为交叉销售和向上销售的载体；三是银行对用户触点的把握是最强的，短信中心、呼叫中心、CRM 等一系列与用户交互的行为天然地打通了银行的 IT 系统；四是银行的营销物料池会有大量包括信用卡权益在内的特定权益，这在能够精准识别细分用户的前提下提供了精准匹配物料的可能性。

在构建 CDP + CMS 的营销体系时，银行其实是构建了一个精准的自动营销体系。过去，营销人员需要手工配置特定权益和触达方式，并且选好不同用户出没的时间与地点，每一次来都需要重新摆一遍。有 CDP + CMS 的敏捷营销人员只需要通过简单的拖拽，即可完成一个过去可能需要规划 3 个月的营销活动。对效果好的营销活动进行总结，得出标准流程并进行标准自动化的配置，就像把全自动鱼竿放在鱼最容易上钩的位置，营销人员要做的就是每天定时拉鱼竿收鱼。

谁需要 CDP?

考虑构建 CDP 之前，有 3 个原则需要考虑:（1）你与消费者是否有具有直接交流渠道的品牌；（2）公司是否具备有运营能力的营销人员；（3）用户生命周期价值是否会通过消费者运营有显著提升?

CDP 在中国的应用场景暂时局限于“无法在天猫、京东上卖东西的品牌”，原因在于包括天猫 Uni Desk 在内的电商用户管理已经支持 CDP 的大部分功能了，而且用户明细数据导出是一个难题，对天猫内部以及它授权的 ISV 供应商[①] 来说也是如此。除此之外，无法直接向消费者收钱的品牌也不适合构建 CDP，我指的是那些需要分销渠道向消费者进行销售的品牌，比如口香糖、啤酒。

所以总结后发现，在中国，CDP 解决方案只适合同时满足以下 3 个条件的企业：

（1）具备消费者数据采集能力；

（2）三方触点众多；

（3）能够通过消费者生命周期运营提高客单价。

适合 CDP 的行业只有：母婴、航旅、垂直电商、教育和知识付费、银行、大型商超、垂直品类集合店、To B 服务企业。

不建议使用 CDP 的行业包括快消、房产、汽车、头部电商（天猫、京东、苏宁）、平台商家、家具、医药等企业，因为这些企业无法通过自

① 独立软件开发商，淘宝里的 ISV 是指加入淘宝服务频道或开放平台的开发者及企业。——编者注

营门店或小程序商城拿到消费者数据、用户生命周期价值稳定且没有向上销售空间。

什么是好的 CDP?

没有适合所有人的软件平台，只有在不同规模、不同核心应用场景、不同业务优先级下的抉择。但是我们需要保证 CDP 包含以下功能，以保证以后 CDP 作为业务中台有更好的可拓展性和业务实用性。

（1）有基于行为或购买数据进行流式计算归因并生成标签的技术能力，这个能力保证了自动化触发营销活动的时效性。

（2）有相较其他平台更好的数据对接生态体系，与营销触点和数据收集等云端软件的集成程度高。这个能力保证了营销人员在使用 CDP 前不需要太多的定制化开发，只需要授权账号便可以开箱即用，大大减少了前期使用成本。

（3）行业专精度。有业务价值的 CDP 一定是没有全行业解决方案的，因为就像前面提到的，CDP 的真正价值体现在 CDP 的策略上，而这个策略包含了行业相关的运营指标体系、用户生命周价值模型、用户旅程记录等一系列只有在本行业才可用但是会为使用者带来直接竞争优势的模板和数据，比如母婴行业的客户如果可以直接使用孕前、孕中、孕后的生命周期模型而不需要额外配置。如果媒介公司可以直接使用登录客户的落地页而未转化人群的信息，这会为营销人员在 CDP 上的策略配置提供极大的便利。

（4）不同行业之间还会有专属于这个行业的组织架构，组织架构决定了营销策略制定的决策链条和账户权限，在沟通每条 A 级营销活动的上报审批到哪一层级、责任属于谁等问题时，如果能与有行业专精度的供应商合作，可以节省很多时间。

斯科特预测，未来营销组织中的流程、数据和工具都将集中起来，形成一个强大的营销管理技术中心，技术中心的功能会被由“自动化”“人性化”“集中化”“分散化”组成的四象限切分，营销技术将基本取代过去重复性的工作，并通过敏捷营销人员的策略配置使营销流程得以自动化运转，一劳永逸。营销人员可以将自己的时间聚焦于如何传达一个更好的品牌愿景给普罗大众，专注于研究如何与单一客户进行更加细致的沟通。

营销自动化——云计算与算法

洞见让敏捷营销团队发现商业机会，比如某个小众垂直媒体的投放可以为企业带来较高的曝光和较大的收益，或者在消费者的反馈中发现了竞品在功能和定位上的软肋。自动化营销的作用就是在不增加人力的前提下，将这个从数据获取到洞见产生，到最后营销活动执行的过程中用电脑执行、机械的部分，用现有的、验证可行的营销模式固化成企业可持续增长的能力。

这听起来很简单，但自动化营销的核心价值不止于此。

乔·吉拉德（Joe Girard）是史上最伟大的汽车销售，他曾经接连15 年成为世界上售出最多新汽车的人，平均每天能卖出 6 辆车。在当时，一个初出茅庐的汽车销售走进展厅后被要求的第一件事，就是阅读乔·吉拉德的自传和著作。

乔·吉拉德令人咂舌的销售业绩大部分归功于忠诚客户的推荐。在他的销售哲学中，有一条永远遵循的“250定律”——每个人背后都站着250个人，这些人是与他关系比较亲近的人：同事、朋友、亲戚、邻居，所以如果你得罪了1个进入展厅的客户，你也就失去了250个潜在客户。

这个定律在客户关怀中也适用——当一个顾客对你满意时，他会推荐更多的人与你交易。

在完成成交后，乔·吉拉德做的第一件事情就是把买车顾客的信息详细地记录下来，然后归档保存，方便日后与顾客联系。

吉拉德每年寄出的贺卡超过10万张，恭喜新年、买车的纪念日、顾客的生日或提醒顾客年检等。但凡在吉拉德那里买了轿车的人，都会收到吉拉德的贺卡，不论他们买的是高档的跑车还是实用的小轿车。

每一个汽车销售都避免不了销售出次品车，当顾客一次又一次来维修汽车时，销售会不耐烦；而客户在感到这种情绪时，则会不断地向他周围的250个人抱怨销售的不负责任，甚至发誓以后再也不会通过这个销售买车，并且告诫他的朋友也不要光顾这家门店。

当顾客因为售后问题抱怨的时候，乔·吉拉德会立马找到顾客，安慰对方，并向其保证，一定会把汽车维修到让对方满意为止。而在客户开车过来进行维修的时候，乔·吉拉德只希望客户走的时候说：“乔·吉拉德帮我修完车后，车比新买时更棒。”

道理很简单，但是为什么只有一个乔·吉拉德？原因是没有人能够保证将每一个销售人员都培训成对每一个顾客都采用工作量如此大的关怀策略的人。培训成本太高不说，销售人员本身流动性较大的特质也成了一大阻碍。

自动化营销就是将吉拉德在不同时间节点的关怀变成自动化策略，通过触发条件，让电脑代替乔·吉拉德“进行”客户关怀，并期望客户会产生购买或将产品推荐给他身边的 250 人。

敏捷营销人员将对不同的营销节点——成单前的促销、成单后的关怀、与品牌互动的纪念日、生日当天、每一个节日（不只是促销期），配置不同的营销策略。策略包括依据重要性高低进行排列的触达方式，比如对需要关怀的用户发送一条短信或一张电子贺卡；也包括通过呼叫中心打一通电话，搭配与之相关的话术和权益。

通过在营销自动化面板上的简单拖拽，敏捷营销人员将在品牌和消费者中间塑造一个个“乔·吉拉德”——一个在第一次交易中就匹配长期交易中的服务与策略的天才销售人员。

另外，营销自动化的意义在于，通过软件系统用自动触发式的营销活动进行自动化的关怀，把营销人员的时间释放出来，让营销人员有时间用敏捷的方式尝试杠杆更大但失败率更高的营销活动，比如事件式营销、跨界合作、渠道拓展等一系列活动。

另外，对于已经相对成熟的大体量业务，一点微小的增长也会为企业带来极为可观的收入增加。

麦当劳在 2019 年 3 月以超过 3 亿美元的价钱收购了专注于个性化和决策逻辑技术的 Dynamic Yield。这是麦当劳自成立以来最大的一笔并购交易。凭借 Dynamic Yield 对环境数据和消费者数据的分析，麦当劳餐厅可以根据天气、时间、当地交通、附近活动以及历史销售数据等更换电子菜单显示屏上展示的食品，比如在寒冷天气优先展示咖啡，天气炎热时则展示麦旋风。消费者完成加购后，菜单上还会显示推荐菜品。

有近80年历史的麦当劳每天接待约6800万快餐客户，每天平均完成7100万个订单。虽然麦当劳并未公开这一收购为它带来的具体收入增长，但假设这一推荐算法平均为每一笔交易增加0.1美元的交易额（这是推荐算法在做理论验证时的主要衡量标准），那么它每天能够为麦当劳增加710万美元的收入，这笔交易一个半月就能够回本。我们估计算法一年将为麦当劳带来8500万美元的收入增加，约合6亿元。

这就是算法的力量。

如图7-3所示，营销人员需要了解的算法有3种：

（1）无监督学习技术（如聚类模型）；

（2）监督学习技术（如线性预测模型）；

（3）强化学习技术（如推荐算法）。

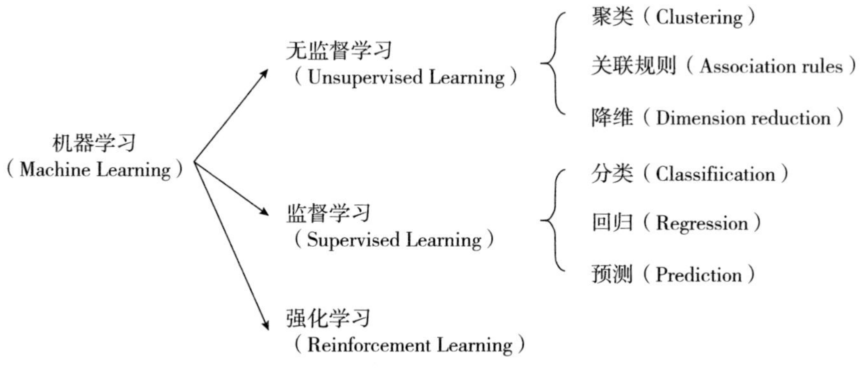

图7-3　机器学习分支

无监督学习技术

无监督学习算法属于在不告诉机器正确答案的前提下，让机器自己进行分类聚类的算法类型。它能帮助营销人员识别数据集中不容易被发现的聚类和集合，在营销人员处理没有标签的数据时，它是对新用户进行分群的利器。在无监督模型中，业务人员一般需要对分类的阈值进行设置，比如分析 RFM 模型中“购物金额超过多少是高、中、低”，或者帮助营销人员分析响应了某次营销活动的消费者有什么共同点。

对于营销人员来说，无监督学习技术的应用场景通常在客户分群中。比如银行信用卡中心的数据库中存储了大量与客户有关的消费金额、借款金额、还款时间等维度的特征。你可以认为这些都是带着数值的标签，这些数据通过梯度下降等方式，帮助数据库营销人员在第一时间绘制出一张由多个维度交叉组成的图表（见图 7-4），图上密密麻麻地标记出一个个客户。很明显，图中的客户可以分成三类，这三类人对应的也许是完全不同的客群，他们每个人对呼叫、短信、App 或微信的营销活动的响应率可能都不同，也会有不同权益的偏好。无监督学习技术可以在没有人告诉算法什么是“对”的前提下，帮助营销人员对消费者或多产品线进行分类。而营销人员要做的就是针对这些不同的客群进行营销活动的 A/B 测试。

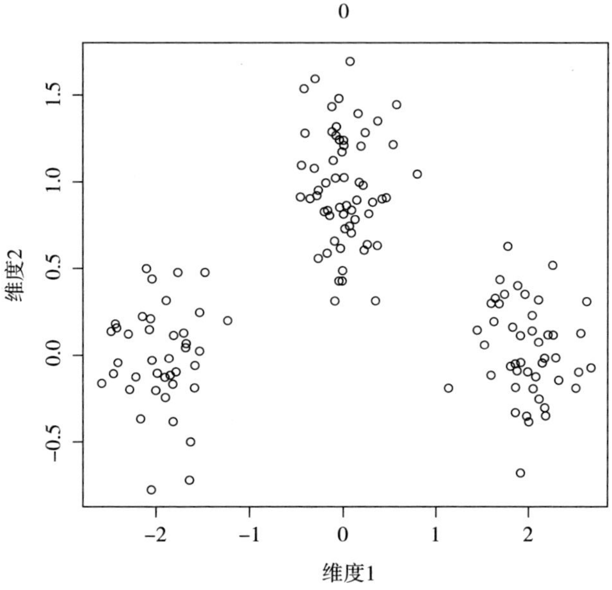

图 7-4　聚类算法举例

在营销活动中，我们会对优化营销漏斗环节的转化率很感兴趣，因为在业务体量足够大时，百分之一的优化也可能代表更加紧密的消费者关系和后续利润。而优惠券促销则是在促进购买转化时被营销人员广泛使用的模式，其背后的逻辑是著名的经济学理论——消费者盈余，即为了让那些对我的产品价格较敏感的消费者不再犹豫，我愿意让出一部分收益，以提升整体的营收；但是我们又不希望将优惠券发给那些对价格不敏感、不发优惠券也会购买的人；同时还要考虑不管发不发优惠券都不会购买的人群的触达成本。那么我们要用多大的优惠券触达什么样的客户，才能够促成购买呢？

如图 7–5 所示，通过无监督学习中的客户聚类模型，我们能够通过算法将所有消费者分成以下 4 种。

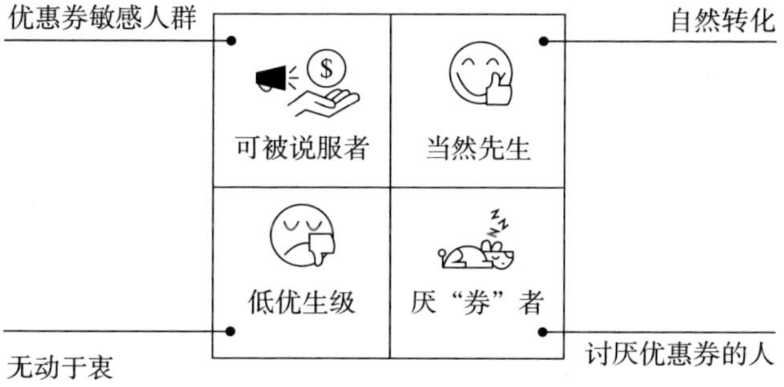

图 7–5　营销人群四象限

- 优惠券敏感人群：不发券就不购买、发券才会购买的人群。
- 自然转化人群：无论是否发券都会购买，会自然转化。
- 无动于衷：无论是否发券都不会购买，这类用户实在难以触达，直接放弃。
- 讨厌优惠券的人：与优惠券敏感人群相反，他们对营销活动比较反感，不发券的时候会有购买行为，但发券后不会再购买。

这个模型可以通过某一群人对优惠券促销活动的响应程度，收集这群人的其他特征。如果发现优惠券敏感人群大部分是处于一线城市的 24 ～ 35 岁的女性消费者，那么，当一个这样的新消费者进入数据库以后，算法会自动将其归类为优惠券敏感人群，不需要使用新的营销方法测试她。

监督学习技术

监督学习分为分类、回归与预测。

与无监督模型不同，监督学习技术需要告诉计算机什么数据是对的。机器知道什么输出是对的时，就会对比自己的预测和实际的差距，进行自动调整并校准模型。例如在程序化广告中预测出价多少更有可能赢得这次曝光机会，以及客户响应某个营销活动的可能性。这些预测都可以通过实际的反馈数据进行，比如是否赢得了这次曝光，或者客户是否响应了营销活动。

假如营销人员需要机器学习助力其识别销售线索的质量，那么他们需要将高质量的线索在前期手动地“标注出来”，以“监督”的方式告诉算法哪些人是目标客户，统计中称为正样本，反之则为负样本。算法会记录正负样本在特征上的区别，包含渠道来源、年龄、性别、职业、预算区间等一系列对营销结果有影响的“特征”。如果能找到更多与最后结果相关性高的“特征”，预测结果会更精准。广告预测算法涉及的特征最多，有时可达十万余种，这也是抖音这样的平台能够如此精准地预测个体真正喜欢哪些视频内容的原因。

监督学习模型的算法对营销人员的帮助最大，因为广告营销领域能够获取的数据反馈的准确度、时效性、数据质量在所有社会行业中都是名列前茅的。更重要的是，这些新鲜数据多多少少可以帮助营销人员进行营销迭代。

在广告投放过程中应用较广的方向有 Lookalike 和 OCPM。

（1）Lookalike

Lookalike 即在营销投放获客的过程中，通过将企业本身的高价值客户作为种子人群放在更大的流量池中，找寻更有可能成为高价值客户的人。营销人员需要注意的是，在对种子人群进行放大时，因为线性回归算法精准度和模型本身会造成过拟合等的限制，Lookalike 的种子人群需要保证至少拥有 10 万条独立数据，数据不足会导致模型失真。放大倍数一般在 2 ～ 10 倍之间，超过 10 倍的 Lookalike 的效果基本与通投差不多。

（2）OCPM

OCPM 的出现完全颠覆了广告主过去投放广告的方式。

简单来说，媒体能够通过广告主回传产生转化（指注册、购买等直接带来业务价值的行为）的客户数据，帮助广告主在实时投放的过程中积累转化人群，回传到媒体后台后更快地找寻相似人群。这是一种更高效的 Lookalike 的方式。假设投放了 1000 个独立的人，有 2 个人转化了，广告主通过转化跟踪或检测等功能将这些用户的设备号回传给媒体，对于监督学习算法来说，这 2 个转化的人就是“对”的。通过将这 2 个对的人作为正样本，没有转化的 998 个人作为负样本，媒体可以凭借算法保证，在积累一定转化量后，受众都是与已经转化的高价值用户最为类似的人，在客户群顶的流量池中以相似度为排名依据，向排名更高的用户曝光广告。

强化学习技术

严格意义上来说，强化学习是机器学习的一个分支，而机器学习只是人工智能的一种实现模式，但是因为AlphaGo使用强化学习算法在围棋比赛中战胜李世石等一系列事件，在近几年强化学习常与人工智能相提并论。

强化学习需要大量的数据，因此它经常与有模拟数据的领域（游戏、机器人等）关联。李开复博士在“AI如何拯救人性”这一演讲中提到，强化学习就像一张巨大的Excel表格，把所有可能影响最终产出的变量输入这张表中。在一开始，模型还处于“婴儿阶段”时，实际情况与模型预测情况的差值会较大，随着深度学习对模型的不断优化，在不断纳入新的数据以及预测次数越来越多以后，深度学习模型进行的预测也会与现实情况越来越吻合。

麦当劳案例中的算法就是强化模型。通过将一个门店的历史交易数据、地理位置相关的标签作为数据输入，对某位正在点单的用户推送精准的食品推荐或者促销活动。与监督学习不同，强化学习算法无须进行输入和输出训练。学习过程通过对模型的奖励或者惩罚完成，比如推荐的食物被客户加入了购物车则是奖励，否则就是惩罚。

强化学习在营销领域的其他应用还包括优化跨渠道营销和广告实时竞价预测。

算法精度陷阱

刚入门的数据科学家或者需要了解算法的营销人员，倾向于选择

“高大上”的算法，比如CNN、卷积云、神经网络等，以显示自己的“智力水平”。

但算法在工程上的实践往往会将算法效率置于更高的优先级，因为用户在刷完一个视频，或者看完一个商品详情页以后，没有耐心等待计算机花十几秒跑完一套复杂的算法，提供下一个视频推荐或者产品推荐。正因如此，营销人员在选择AI算法部署时，要尽量避免陷入算法精度陷阱。

一些AI厂商为了在客户投标评分的时候获得更高的分数，倾向于用比赛时常用的AI包，比如XGBoost，以获得更高的精度和处于测试环境的效率。在实际生产环境中应用时，这些为比赛而生的算法包就像行驶在泥泞潮湿的乡间小路上的一台低底盘的豪华赛车，无论怎样猛轰油门——耗费了大量的计算资源——也只能在原地打转。

大部分时候，最简单的线性回归能解决绝大多数的问题。算法研发的重点应该更多地放在如何给它“喂”更多更好的数据上——也就是花费更多的时间精力去挖掘人群的特征，以及完成数据清理。

营销技术能够降低试错门槛

首先我们要知道，即使是准入门槛较低的电商，在从0到1开一家店铺的过程中，也面临供应链选货、仓库存储、物流、客服、店铺运营等一系列问题。那家庭主妇如何做微商呢？云集设计的“五朵云”对此提供了一些思考。

1.“商品云”帮助用户解决卖什么的问题。用户可以从商品库里面选择要卖的产品，客户成功下单后，全国的小商品市场集散地直接代你发货。这同时解决了仓储与发货问题。

2. 选好产品以后，给用户提供“素材云”，用户可以从中选择产品的广告素材发在朋友圈里；

3. 当用户要卖更多商品、开始经营自己的店铺时，给用户提供“培训云”，手把手教用户店铺运营；

4.“客服云”帮助用户解决产品售后的问题；

5. 最后，用户的运营和复购刺激，可以用“用户运营云”完成。

用户要做的，就是发朋友圈，做一些老客户的关怀。这就是今天营销技术栈对个人的意义。

作为大企业，这些营销技术栈有什么好处呢？那就是消费者可以变成传播者、渠道。

立白旗下的壹乐源就是个例子。

通过开放集团的营销技术工具和部分消费者数据，壹乐源赋能“宝妈”，将宝妈们扶植成为 KOC，一方面帮助宝妈们获得精准流量，针对她们朋友圈的私域流量开展品牌宣传；另一方面则通过渠道分享码完成转化和 KOC 的营销活动归因。

因为有了抖音网红的效果监控工具，森马通过“千人千粉”计划让集团的所有员工注册抖音号直播卖货并积累至少 1000 个粉丝，继而从员工中挑出佼佼者领导直播电商的团队搭建工作。

营销技术栈能够简化新品牌的创建

品牌创立之时，必须意识到，互联网已经大大降低了消费者寻找商品的成本。和过去大家都在大型商场购物，品牌必须铺设大渠道、在大媒体打广告不同，现在的消费者几乎可以在淘宝、京东、亚马逊等电商平台找到一切商品。消费者与这个世界上几乎任何商品，都只隔了一个搜索框。当用户进行搜索时，那些本身就受欢迎的产品和公司会出现在靠前的位置。根据 Chitika 在 2013 年做的研究，排名前三的网站占领了某一关键词超过 60% 的流量，前一名获得的流量都是后一名的 2 倍，91.5% 的用户会在第一页就找到他们想要的东西。所以，越被人熟知的产品，越有可能获得“有机流量”，也就会更早地进入正向循环。

现实是一般性商品的搜索词汇已经被国际巨头占据，初创品牌要想获得搜索引擎带来的正向网络效应，必须选取利基市场，并迅速吸引消费者的注意。

商业模式的革新

想象一下，过去你想创立一个品牌需要做多少工作？

1. 先注册一家公司；

2. 完成大范围的市场调研，希望找到可能会大卖的产品；

3. 开始调配或者招聘人员进行产品设计；

4. 完成设计后你需要与供应商谈价格，别忘了租用一个庞大的仓库储存你批发来的货物；

5. 为了卖出货物，你必须和全国乃至全世界的渠道商沟通，希望你的货物能够到达终端，出现在商品货架上；

6. 当你招聘了上百个人完成了渠道铺设后，品牌辨识度又成为一个大问题，于是你又要投入大量的预算在媒体上打广告。

这中间的某一环节出错，将导致你的库存挤压，现金流滞后，与供应商的关系变得紧张，最后无法供货给渠道商，渠道商选择终止合作，你的公司将面临巨大的生存挑战。

但一些电商软件提供商提供的 Drop shipping（单件代发货，也就是店主不需要积累库存）电商运营模式表明，从 0 开始创立一个品牌，只需要一个人。这是真正的一个人就可以组建一个电商队伍的时代。

Shopify（一家提供电商自建站服务的加拿大科技公司的产品）的商业模式极为简单。因为 Shopify 作为一个电商独立站，其本身没有流量，所以需要店主在站外进行引流，也就是投放社交媒体广告，包括在脸书、推特等平台上投放广告，希望通过广告吸引消费者进入网站页面并进行购买。除此之外，你还可以与社交媒体上的网红合作，通过支付一定的合作经费，让那些有影响力的网红为你的产品做推广。

除了广告推广，判断一个 Shopify 店铺是否赚钱的依据是店铺交叉销售的能力——通过触达对产品有兴趣的客户和老客户（一般以邮件的形式），用更低的获客成本获得更高的客单价。

为了达到引流和触达的目的，店铺可以通过 Shopify 的应用商店进行嵌入，原理与谷歌浏览器 Chrome 的嵌入插件类似。

个人网店的店主也许根本没有听说过营销技术这一专业名词，但是他们的营销策略大多基于一个又一个的营销技术栈。

我和表弟在2019年春节期间花了2天完成了网站的独立站搭建、上品、所有客户的重定向和营销自动化配置、广告投放账号的搭建，并在第三天接到了第一个订单，在上线的第二个星期获得了1000美元的销售额。那么具体我们做了什么？

一个店主需要下载的应用包括，自动获取可用于广告重定向客户的应用、可以受某一个事件触发而自动发送邮件的应用、记录电商站内用户点击和页面浏览行为的应用（谷歌分析、脸书Pixel），以及对广告计划的出价和预算进行自动调整的应用，对应了广告重定向、自动化营销、SCRM、行为分析平台、人工智能等营销技术应用。而在Shopify上“采购”这一套完备的营销技术栈，每个月只需不到50美元。

接下来要做的事情，就是在Fiverr上找到外包的自由职业者，协助店铺进行产品的上新管理，以及产品相关的创意设计和文案设计，包括每天在各社交媒体上的广告计划创建。外包这些工作，店铺每个月的成本也不会超过100美元。

剩下交给店主做的事情就是分析所有的数据，从广告投放中某一个文案的ROAS到客户加入购物车但是没有购买的原因分析，从商品贩卖情况的趋势线到每一封邮件的点击率趋势，找到问题，并迅速优化。在这个从曝光到转化的流程中，一个优化，会为整个店铺带来指数级的收入增长。

因为每一个环节的成本都极低，所以即使某一环节出了问题，也不会像传统品牌那样面临关于渠道商、供货商的连锁反应。你能够更快地犯错，并从中学习，一直迭代调整——营销技术应用没有效果可以随时换，产品的销量下滑可以更换选品，招聘的自由职业者效率不高可以随时终止合同。

完成以上工作，这个品牌的启动才算基本完成。接下来，店主要做的就是在店铺 ROAS 大于 3（投放 1 元的广告，能够卖出价值 3 元的商品）时，加大对该产品的广告投放。

这期间你积累了大量的客户，在产品上新时可以向他们发送免费的邮件做交叉销售。你的客户群体不大，你的 Shopify 店铺在年销售额达到 100 万美元左右时就到天花板了。接下来你要做的就是以同样的方式快速复制店铺，用新的价值主张再开一家店铺，再开几家店铺，最后构建一套跑在 Shopify 上的敏捷营销体系。

供应商选型

企业在选择服务商时可以考虑采纳《敏捷宣言》中的服务原则——客户协作高于合同协商这一敏捷合同模式。

1. 敏捷合同结构。在中国 To B 服务市场的交付流程中，大部分项目失败的原因是前期需求不明确导致后期新的需求不断累积，项目迟迟无法交付。企业可以选择签订敏捷合同，改善过去低效的合同签署方式，这种合同方式强调乙方保证交付高质量的、真正完备的功能给甲方。企业可增加 2 个规则以适应变化：

（1）免费改变优先级；

（2）如果等量的其他工作被移除，可以免费增加新功能。

甲方可以随时终止合同，终止时，乙方从剩下合同额中返还一部分给甲方。总量不变，增减需求是免费的，这对客户是个好事情。

无交付不付费。在任何时刻，只要客户认为所有优先级相对较高的功能都开发完成，不再需要剩下的那些没有价值或价值较小的功能时，都可以终止合同。终止合同时客户可以拿回部分（比如 80%）款项（现在使用传统合同的企业，要从 IT 公司拿回钱简直是天方夜谭），同时提供产品的一方也可以拿到另外的钱（即 20%），而没有任何成本。有人经常会说：如果甲方不敏捷，我们怎么能敏捷。我想，当甲方知道敏捷可以给他带来收益或节约成本后，他是乐于签署敏捷合同的。

强调价值交付。许多供应商（主要是 SaaS 软件）的报价都专注于中间过程产生的成本，而忽略了项目的成功应该是由项目对客户产生的增量业务价值决定的。这也是大部分供应商（包括代理商）与客户产生矛盾的地方 —— 两方的利益不一致。当广告代理公司的利润源于客户的营销预算，而客户只追求 ROI 时，双方合作成功应该是小概率事件。

2. 拆解价值交付。将项目拆解成一个个具有业务价值的小项目交付，并以价值交付作为项目节点进行进程管理。合同最好也基于每一个价值交付进行拆解，而不是将整个项目预算锁定在单个协定中。客户可以在单个项目的闭环中迅速测试供应商能力与甲方业务的契合度，及时止损，控制现金流。对于供应商而言，这样做可以大大缩短交付时间，降低因过多的前期承诺导致后期交付成果冗余所产生的财务风险。比如，CDP 项目要整合多渠道的用户数据，再通过触点和权益的整合构建一个大型的数据共通平台，可想而知，这一项目的边界是极大的，而大部分 CDP 项目在交付过程中陷入了繁杂的前期基础建设，诸如数据清理、对接多方平台的 API 等，迟迟没有价值交付，久而久之客户便失去了耐心，项目宣告失败。如果我们可以将 CDP 作为项目的终局，将数据融合及触点整合的理念单拎出来，以最小价值交付，形成一个业务闭环，再迅速验证，项目整体失败的可能性则会降低很多。

数字营销日新月异，要求营销人员对市场的变化做出快速反应。供应商也应该跟上这个节奏。考查供应商时，除了考查常规的行业经验、产品、咨询能力、数据等硬性标准，还可以通过迭代速度来判断它们能否跟上市场的脚步。想必你也不希望年初采买的供应商，6 个月以后才完成一次迭代。

大企业采购

服务商在理解大客户的特性时有偏差。我们都会认为服务大客户最大的问题在于定制化开发需求，我以一套解决方案服务了欧莱雅，项目结束后，我发现我的解决方案无法复用到与雅诗兰黛的合作中。项目模块无法复用，导致服务商的服务和产品的毛利率很低。这个问题与企业的大小不存在直接关系。

我们回顾一下成熟企业进行产品采购时的顾虑。顾虑之一是，当一个企业扩张到一定规模时，不可避免地需要通过流程避免腐败，所以需要通过“完善”的产品评估体系对所有服务商进行评估，尽量消除人的主观因素，用“科学、可量化的方式”为供应商提供的产品打分，最后分高者获胜。

这样的产品采购流程有两个问题。一个问题是实际使用者和评估者有可能来自不同部门，业务部门想要采购简单易上手的产品，IT 部门希望采购安全、价格高、解决方案稳定的产品。这样的流程导致企业大部分采购都以失败告终，因为业务人员对这件“兵器”使用得不称心。另外一个问题则存在于用这样的评估体系倒推服务商提供招投标功能列表上“写明的功能”。我们暂且不论这份产品打分上的功能是否真的是营销人员需要的核心功能。但书面上输出的需求如果没有通过更加深入的反馈和使用后的迭代，以及对企业组织架构的深刻理解，最后做出来的产品只有一个结果：浮于表面——只能应付标书和打分，无法解决客户在营销应用场景中切实的痛点。

当然，对于世界 500 强企业来说，没有人会因为一个 100 万美元的软件导致的失败而责怪它们。但是术业有专攻，从邮件管理到 CRM 再到社交媒体的管理工具，这些应用场景中的最佳解决方案都恰好不来自这些能够提供完整解决方案的公司。

MVP 的思路可以帮助我们优化大企业采购评估体系。在采购之前，可以采用 POC，用最低的成本验证供应商方案在业务中的落地能力；或者采取全员试用的方式，而不是通过标书一一对照。最后的评估也不必只选择一家，特别是在大家的解决方案都不完善的情况下。以 2015 年采买 DSP、2016 年采买 DMP 为例，在搭建完上述 IT 架构后，对于营销人员来说，当一个平台的功能不能满足需求或者不稳定时，如果有备用方案，就不至于影响所有营销活动的开展。

综上所述，营销产品现阶段的价值取决于该产品在企业营销流程中所起的串联效果，是否产生延续性价值取决于产品的迭代速度。也就是说，一个产品如果能够与更多营销关联流程上的企业产品集成，便能够起到 1 + 1 ＞ 2 的效果。

如果 CRM 端的客户数据能够与投放平台管理端的广告表现数据打通，就可以用销售对客户线索质量的评分来反向优化投放；在这个基础上进行 ERP 管理，我的工厂甚至能够知道某个产品线上的实时销售情况，及时调整生产资源配置，减少整体的库存周转率。这也是为什么欧美的 SaaS 企业在建立之初一定会集成 Salesforce、Slack 等与营销整体流程密不可分的营销应用，目的就是更好地帮助营销人员完成他们需要完成的工作。

第三篇

PART 3

敏捷营销案例启示录

我们发现，领先的企业无一不在践行敏捷。敏捷就像一场席卷营销界的浪潮，没有一个细分行业能够独善其身。如今，摆在企业面前的只有两条路：要么践行敏捷，要么将自己的“江山”双手献给更加敏捷的行业挑战者。

第八章　特斯拉：警惕你看不见的“野蛮人”

汽车行业有三大痛点，这三大痛点同时也是大部分传统企业在构建敏捷营销体系时遇到的最大的困难。

第一，与客户的触点被 4S 店和分销商阻隔，无法直接触达消费者。作为决策周期最长的商品之一，车企为了与潜在客户进行交流，每年需要花费大量的广告预算。

第二，与其他行业相比，用户消费频次太低，品牌与消费者的互动只存在一次；用户生命周期价值低，品牌忠诚度低。

第三，迭代方向如果连续两次不对，会造成车辆滞销，库存压力巨大。

经历过高速增长的 10 年后，因为居民储蓄率下降、公共交通发展、供给侧盈余等一系列原因，在过去 30 年平均每年保持 10% 的同比销量增长的汽车行业，终于在 2018 年第一次出现了负增长。连 CRM 都不使用的传统汽车销售模式已经让管理层感到头皮发麻，无法对存量用户进行激活，汽车行业的获客只能通过投放广告实现，而这些未经筛选的销售线索又会被分发给销售，让销售成本愈发高企。

这个时候，特斯拉就像一个拿着狼牙棒的野蛮人闯进了所有宾客都西装革履的鸡尾酒晚宴。其 2021 年年初的市值已经超过传统的丰田、本田、戴姆勒－克莱斯勒等传统汽车公司市值的总和。其成功的原因被很多人归结为技术的创新，但其实在初代特斯拉的研发中，并没有核心的技术创新和突破，其电池技术只是使用了更加科学的方法对电池进行重新排列组合。

特斯拉的营销无疑是沉闷的汽车市场中的“一朵奇葩”，更有趣的是，它取得了巨大的成功。我们将特斯拉在营销上的成功总结为 4 个方面：（1）组织架构的优化；（2）商业模式的领先；（3）敏捷的产品迭代速度；（4）销售渠道创新。

在研究特斯拉的案例之前，我们要意识到，从某种意义上来说，特斯拉因为创始人埃隆·马斯克（Elon Musk）的特殊性，其营销的模式不可复制。因为大部分企业的创始人无法变成全民科技领袖（虽然他们极度渴望做到这一点）。

特斯拉不需要广告的原因之一是消费者希望与马斯克产生链接。

截至 2020 年年初，马斯克在推特上的粉丝数量已经超过了 3500 万。马斯克能将看起来炫酷却没有什么用的东西卖出去，有一次直播出售火焰枪，几天就产生了几千万美元的销售额。

人们笑称，“马斯克的信徒们”会购买他推出的一切东西。

这是因为，消费者最爱的首先是自己，其次是他想成为的人。

但是特斯拉的成功除了因其自身的特殊性，还因其企业组织架构、商业模式的创新等背后不计一切代价的敏捷化，这对每一个企业都有借鉴意义。

组织架构的优化

马斯克曾在给员工的公开信中写道："为了保证工作的完成，所有的交流都应该采用最短、最直接的方法，而不是以发送指令与执行的方式。任何管理人员尝试以发送指令的方式在公司内部交流，都会被立刻开除。"

在公司成长到一定规模后通常会产生的问题中，有很大一部分源于部门之间的沟通不畅。我认为解决这个问题的关键在于让信息能够更加自由地流通在各个部门和层级之间。过去要想实现跨部门合作，一个人需要先和他的经理讲，经理再和总监讲，总监再将话传给 VP，VP 要跟另外一个部门的 VP 表述第一个人的需求，而后再向下传递。这个方法最后的结果就是经常发生愚蠢的事情。因此，我们必须保证要成事的人能够与公司的负责人交流，以推进事情的进展。

领先的商业模式

特斯拉市值高企的原因还在于其商业模式的优越性——一家车企却不需要靠卖车赚钱。

特斯拉的销量仅仅是丰田的一半，为什么资本市场愿意给特斯拉如此高的估值？因为特斯拉不依靠卖车赚钱，或者不完全靠卖车。以丰田为例，传统车企汽车销售的净利润常年在10%上下，这是它所有的收入来源。而对于特斯拉来说，卖车只是第一步，更重要的是Autopilot（自动驾驶仪）增值包，因为特斯拉的每一辆车都要有超过30个传感器，这些传感器实时采集这个世界上超过10%在跑的汽车的实时行驶数据，这会让它的算法不断迭代。

也许你会问，有更多保有量的奔驰、宝马、丰田、本田为什么不能通过加装传感器赶超特斯拉呢？毕竟算法并非核心，关键在于数据。是的，算法并非核心，但是算法是运行于汽车的软件之上的。宝马X5的软件代码有3亿行，特斯拉只有1000万行，这个差距对于传统车企来说是巨大而让人绝望的，因为自动驾驶的算法穿插在软件代码中，帮助软件更好地指导汽车进行驾驶。1/30的代码数量带来的是30倍的算法迭代速度和运行效率，也就是说，特斯拉半个月的迭代速度能够赶超宝马一年，在自动驾驶领域的研发速度更是如此。我们知道，对于算法这个解决方案来说，卖一份和卖一千万份的成本是完全一样的。在其现有的车辆保有量的基础上，如果所有车主都购买了自动驾驶包，它的净利润将会是第二名到第六名传统车企的净利润之和。除了自动驾驶，特斯拉的车主以后还会为其他的车载应用付费，就像苹果商店一样。

这个模式对传统企业带来了启发：如果你是一个售卖床垫的企业，床垫里是不是可以放置一个传感器，通过采集消费者睡眠过程中的呼吸频率和睡眠时长等数据，将这些数据与保险和健康领域的AI公司打通，给消费者提供一套“睡眠解决方案”，提出健康睡眠建议，成为睡眠咨询顾问。同样的启发可以应用于家电行业的智能冰箱，运动领域的传感器跑鞋、带传感器的运动服等。企业通过与消费者建立关系，获得、使用数据，更好地服务消费者。

敏捷迭代的产品

因为有了 App 和消费者经常会经过的线下门店等触手可及的渠道，特斯拉极大地简化了车主向其提出反馈建议的成本。车主更愿意告诉特斯拉他们想要什么，因为这不会比打电话回家更难。表 8–1 是特斯拉进入上海市场后（2019 年 3 月—12 月）10 个月的 OTA（Over the Air）云端更新迭代。不夸张地说，2019 年年初的 model 3 和 2021 年的 model 3 已经是两个完全不同的产品，更不要提特斯拉通过车主的驾驶数据反馈不断优化的无人驾驶模型。这个数据从 2013 年开始收集，模型也在不断迭代，在无人驾驶领域，没有“竞争对手”可以望其项背。这就是快速迭代带来的竞争优势。

表 8–1　特斯拉 2019 年 8 次主要 OTA

更新时间	版本	最重要的更新
3 月底	2019.8.X	哨兵模式 宠物模式 功率提升 5% 行车记录仪增加了两侧摄像头视角
4 月底	2019.12.X	新增游戏
6 月中	2019.20.X	自动辅助导航驾驶（NOA） GQ 音乐

（续表）

更新时间	版本	最重要的更新
8 月初	2019.28.X	新增游戏
9 月中	2019.32.2	喜马拉雅音频 可视化驾驶显示变化 自动辅助变道显示变化 新增游戏
11 月上旬	2019.36.X	功率提升 5% 识别雪糕筒（限部分） 新增自动导航
12 月上旬	2019.40.2.X	自动辅助变道升级调整
12 月 25 日	2019.32.10.X	召唤功能 鸣笛保存行车记录仪短片 新增多款游戏

资料来源：数据来自特斯拉官网，电动车公社制表

销售渠道的创新

关于销售渠道，特斯拉的解决方案是，拒绝 4S 分销商，把控销售渠道，掌握直接与消费者交互的渠道，在人来人往的商场中设置门店，减少广告的投放费用。“特斯拉在传统媒体上的经费为 0”，中欧国际工商学院创业管理实践教授龚焱在深入调查特斯拉后指出，“它没有做任何电视、平面媒体上的广告，也没有请任何大明星进行大规模代言”。这是新时代品牌的一个重要特征：轻渠道，小媒体，把控所有与消费者沟通的触点。

与传统车企将门店开在远离城市的地方不同，特斯拉前所未有地将

门店开在了人来人往的商场显眼处。这样的商业模式在前期显然比传统的渠道分销模式投入更大，因为直到向消费者真正卖出一辆车，它才能收到回款，更不要提昂贵地段的租金和精美装修的成本了。

特斯拉为什么愿意承担这些成本呢？

事实是，这种直营门店的销售模式完全符合我们对数字化时代企业竞争优势的判断——建立消费者关系，而不是卖出利润更高的产品。过去的车主在城市边缘的汽车店完成购买后，很难再与车企产生关系。除非新车出现问题，大部分消费者不愿意在昂贵的 4S 店进行检修。当然，他们也不能要求自己的销售全都是乔·吉拉德，因为对于销售来说，最优的时间分配策略是服务新客户，而不是与老客户建立关系，因为销售的 KPI 是新车的销售额，而不是用户体验一类的指标。

相反，特斯拉的门店销售卖出一辆车是没有提成的，也就是说，最前端的销售人员的职责只是介绍产品、引导试驾和服务客户。同时我还发现一些特斯拉的车主在车没有问题时经过特斯拉的门店，也愿意去里面坐一坐。特斯拉要求门店销售必须将车主在行驶过程中的需求反馈到产品研发部门，著名的 Camp Fire（野营）模式的 OTA 更新就是某个美国西部喜爱露营的车主提出的功能，而且特斯拉在两个月内完成了开发和上线。

综上，特斯拉的成功，除了埃隆·马斯克的光环和技术的创新，还可以被归结为，通过重新思考汽车行业的销售管理、销售渠道、产品迭代，构建了一套颠覆传统的、以建立消费者关系为核心，并通过这种紧密的关系获得市场需求、敏捷地迭代产品的营销模式。

第九章　Essence：广告代理公司如何构建核心竞争力

广告代理公司Essence创立于2010年，其中国的办公室成立于2019年，是一家由拥有数据分析背景的极客创立的公司。10年前，它带着数据驱动营销的理念进入品牌主市场，发现广告主对数据，即今天所谓的数字化营销概念并不买账。踌躇之际，谷歌向它发出合作邀请："来与我们合作试试吧。"截至2020年我采访时，Essence已经和谷歌合作10年。正是与谷歌合作的经验，让Essence将数据分析打磨得更加"接地气"。而Essence也多次被全球权威的代理商评选媒体Ad Age评为"全球最佳数据与分析代理商"。

QuestMobile（北京贵士信息科技有限公司）的报告显示，广告预算越多的广告主，其媒介组合数量越多。但是这个趋势并不完全呈线性上升趋势（见图9-1）。也就是说，每年花费30亿元以上广告费的广告主，像宝洁、联合利华这样的公司，突破了行业所假设的"人均营销预算管理上限"。

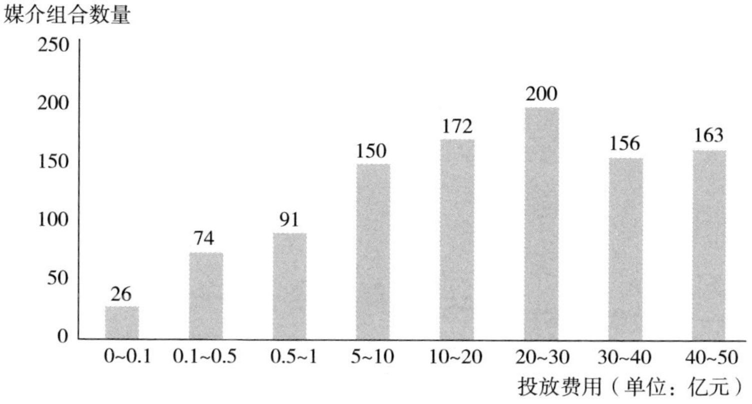

图 9–1　2019 年广告主不同投放费用区间媒介组合数量分布

资料来源：QuestMobile ADINSIGHT 广告洞察数据库

另外一个事实是，宝洁在 2017 年时直接把服务的营销代理商数量砍半，2 年后又在此基础上终止了一半营销代理商的合作。不到 3 年时间，宝洁已经缩减了 80% 的广告代理商。并且砍掉广告代理商后，宝洁发现其产品的市场占有率并没有明显下降。

我采访了 Essence 的中国区董事经理魏玮（Benjamin）和营销策略副总裁克莱尔（Claire）。

问：头部广告主缩减代理商数量、用更加高效的平台和工具管理自己的营销预算会不会成为趋势？

魏玮：我觉得不会。宝洁的案例是一个个案，其实宝洁在 2017 年做的事情是将大量的营销预算花在内部，也就是自己去做投放的执行。

但是这并不是所有头部广告主的趋势，不同广告主对代理商的定位不一样。我们以欧莱雅为例，它与代理商的合作更多的是通力合作的形式。它会基于项目制与不同的代理商合作，所以代理商更像它的咨询顾问或者业务合作伙伴。

问：所以只是选择问题。但是我们确实会发现，与过去相比，只帮助广告主去做媒介执行工作的价值越来越低了，或者说，因为过去的广告主更专注于产品，而不是市场营销，所以代理商需要覆盖面更广，而今天则需要代理商各显神通？

克莱尔：之所以会有这个趋势，我觉得是因为现在的广告主手中握有更多数据，包括销售数据、渠道数据、消费者数据，而且因为技术的发展，获取这些数据的难度变小了，因此可以更高效地撬动业务增长。谁可以帮我把这些数据运营好，我会更愿意跟他合作。所以现在的代理商的角色更像“业务增长顾问”，而广告投放只是实现这一目标的手段。

问：除了广告投放，Essence 的服务内容还包括什么？

克莱尔：我们在服务客户的时候有一个方法论框架：Signal Planning（信号规划），通过信号指示，帮助客户发现业务增长点。这个信号可以小到一个地级市的天气变化，也可以大到国家政策的发布。为了完成一系列的信号指示，我们需要完成战略、数据、模型、数据产品交付、增长审计等一系列的价值交付，而后才是基于信号的营销增长建议。

以我们曾经服务的客户为例，从数据开始，我们会使用 AI 数据管理产品，梳理客户现有的数据。在这个过程中，我们会评估是否需要外采数据源。这些一二三方的数据最终都会被输入我们的数据模型中。需要指出的是，我们前期不会对数据做假设，因为我们永远不知道影响销售额的因素有哪些。

问：就像李开复博士之前提到的案例，申请贷款时，手机的电量都会作为变量影响最终的还贷可能性。

克莱尔：是的，这些数据可能来自小红书、微博、天气、第三方数据伙伴、电商购买数据等。这个时候，我们的战略顾问和数据分析师会进行特征工程、关联性分析，在保证模型准确度的同时，更好地对业务的实际情况进行描述。

而后我们会帮助客户进行建模并生成围绕关键信号指示得出的报表。负责运营分析的同事在信号中获取了一些洞见，我们会基于这个假设去推进客户快速验证，不管是价格调整、媒介采买，还是 UI 设计优化，我们都会鼓励客户大胆地实验，而我们会把这些实验数据继续放入模型进行分析，在验证之前的假设的同时，持续优化模型。

问：你们在通过数据产品和咨询能力帮助客户构建商业闭环，对吗?

克莱尔：对，除了商业闭环的构建，我们还会通过工具帮助我们的广告主提高人效。以 Olive 系统为例，它可以全面掌握营销活动上线情况，甚至可以对接流程和把控财务。在最优的情况下，过去 1 个人要 7 天完成的事情，现在 1 个人只需要 7 分钟就够了。

Essence 这一案例很好地诠释了以代理商身份服务客户的新模式，

除了常规的广告代理和创意制作，它还能够为客户交付数据产品以及营销分析，帮助客户构建更敏捷的营销决策体系。在大部分没有技术能力的传统企业中，这样的代理商能够用数据产品帮助顾客更好地建立消费者关系，将营销分析的能力赋能市场部门，帮助其更快地进行营销实验的迭代。

第十章　领先股份制银行数字化转型实例

2014—2016 年，银行业受到强监管和资金、资产两端规模收缩的影响，整体业务利润承压。为了求变，Z 行走上了“轻资产转型”的道路。何为轻资产？其核心除了剥离重资产的对公业务（高风险、高收益），增加轻资产的零售银行、公司金融、同业金融业务（低风险、低收益），还涉及一个当初看来不可能实现的命题，即如何通过低风险、轻资产的经营方式，获得与重资产投入一样的高收益。这要求银行在数字化转型过程中，除了优化资产配置，还需要着力进行品牌、消费者关系、销售和渠道模式的创新，提升敏捷组织和精益管理等“非固定资产”的能力，以此获得业务的边际收入，从而实现轻资产、高业务利润的转型目的。

Z 行的数字化转型无疑是成功的。不管是从其财务表现、App 的月活数据，还是从衡量轻资产规模的公司品牌力、消费者关系等指标考量，都能发现其一骑绝尘的改革成效。

同一时期，同行都提出了“轻资产转型”的战略。直到今天，我们回顾站在同一起跑线上的其他选手，仍然感觉它们多少有些“名不副实”。它们剥离了重资产，在绿色金融、代客理财等轻资产业务上取得了一定的成绩，但总体效率却在下降。大象想要起舞，但发现自己比以前更笨重了。那么，同样的转型战略，为什么只有 Z 行能获得成功呢？

Z 行的数字化转型涉及范围极其广泛，从对公业务到风控均有涉及。本案例仅从获客、运营的角度剖析 Z 行在营销这一细分领域的数字化转型是如何从营销技术栈、组织架构等方面践行敏捷营销策略，并最终取得成功的。

必先利其器：营销技术栈

获客

移动互联网获得发展之前，不管信用卡还是借记卡，其新客户增长的机会都来源于线下。“九成线下，一成线上”可以很好地描述当时的流量格局。但到了今天，新增客户均为“90 后”和“00 后”，他们决定申请人生第一张银行卡的决策有六成是在线上做出的。他们人生第一张银行卡的使用场景也从以前纯粹的领取工资或进行现金贷扩展出成百上千种。如果我使用某个银行的银行卡，这家银行对我来说就不仅仅是一个存钱的地方，除了银行 App 的用户体验要好，它还要懂我，能够帮助我表达社交诉求，给我的生活提供便利，做我生活的伙伴。这要求银行重新构思如何更有创造力地发新卡，从“海贼王”到二次元偶像“初音未来”，银行卡不能代表普罗大众的审美，但一定要能彰显持卡人特立独行的风格。除此之外，银行卡在获客渠道上也要更有想象力，不能局限于校园开卡和企业合作，或者将这一任务交给渠道商（按效果付费）。Z 行是所有股份制银行中第一个采用联名营销方式的，它将公众号和微信视频号作为导流入口，引导转化，甚至进行网红营销。

运营

2015 年之前，Z 行的营销方式再传统不过。营销人员通过传统的营销平台将粗颗粒的人群提取需求交给 IT 部门。此时标签的数量不多，量级有限，但由于数据量庞大,IT 部门提取人群数据时往往需要 2~3 天。业务人员拿到的人群数据通常是以 Excel 的形式呈现，他们会把这些数据及希望面向这一人群进行的营销活动打包发到客户服务或销售中心。因为活动准备时间较长，触达成本也比较高，相关人员往往采用过去转化率比较高的模板（包括话术、人群、触达策略等），缺乏迭代。同时，因为营销活动涉及大量的跨部门沟通，还需要文档制作以及复杂至极的归因和分析，因此，每年能够部署的营销活动数量十分有限，营销人员也被事务性工作填满，没有更多的时间去思考和迭代。同时，归属于总部的数据中心和营销工具无法被支行线下的业务人员使用，也就是说，线下的支行网点除了每天等待客户上门，无法主动触达客户。即使有一些明星网点愿意自研 CRM，因其能够捞取的人群颗粒度远远没有达到精准营销的程度，大部分客户触达都以“某人负责某些客户”的方式进行，或者纯粹按照存款金额的高低确定触达的优先级。

引入营销自动化

认识到这个问题后，Z 行在进行营销自动化的采买时，在两家头部的外资软件提供方中选取了一家，因为它提供的解决方案的标签维度和系统架构能够支持多家线下网点使用。最后它们也确实达成了这一阶段的目标，即将大部分营销活动的执行自动化。但是使用了一段时间后，Z 行的营销部门发现了问题：线上线下割裂的问题并没有得到解决，线下网点对营销系统的使用率依旧不高。虽然网点的业务人员能够拿到的数据标签比以前多了，捞取的人群更精准了，但远远达不到理想的水平。原因是多方面的，除了绩效的归因常常与一线的业务人员不挂钩，与网点现存的其他系统或工作流程也不相通。这就像一条 10 公里的路，原本开车就能走完，现在其中一段路拆了，改乘飞机，虽然速度更快了，但交通工具切换带来的高昂成本让人叫苦连连。

不仅网点在使用营销系统时遇到了问题，总部的零售中心在使用上也遇到了问题。

Z 行总行的营销人员发现，营销自动化上线后，他们确实能够使部署系统之前每年所做的 1000 多个营销活动自动化，大大节省了人力成本，数据中台和触达平台在最初的对接中都能帮助银行更快地跑通业务闭环，但随着时间的推移，银行的营销面更广，在营销活动的配置上需要接入更多的平台，比如权益管理平台、内容管理平台，甚至业务人员的人力资源管理平台，这时，该平台拓展性差的弊端就显现出来。最直接的弊端便是在大多数覆盖业务面更广的营销活动中，应用中的数据无法回传平台，呼叫中心等触达中心便无法获得更多的变量反馈。比如，拉杆箱这个权益在哪个人群中更好用？没有数据回传，营销人员就不知道哪些活动做得好，无法对过去的营销活动进行迭代；无法进行闭环 A/B 测试，经营能力就得不到提升。因此，改变迫在眉睫。

变还是不变

其他银行在同一时期都遇到了外采的营销自动化平台的使用问题，但是这样高成本的 IT 采购和新的业务流程成为许多银行的沉没成本。本着“能用就先用着”的原则，据我所知，很多银行至今还在使用那个“不太好用”的软件和营销模式，一年的营销活动只有几百个甚至几十个。Z 行这时当机立断，摒弃此前的营销方式，开始自研更加符合行内业务的营销自动化平台。

2016 年，Z 行开始进行新的营销自动化平台的研发，希望采用敏捷营销的方式——更大规模地测试更精细的人群，以及范围更广的营销物料和触达策略。这个项目涉及更广泛的跨职能协作、数据提取频率及更深度的营销数据打通。为此，Z 行也在这一时期对组织架构进行了变革，以适应更加敏捷的营销活动。

其效果也是显而易见的。Z 行的产品人员在产品架构设计上追求可拓展性更高的方案，整合了 CDP、CMS，以及拥有更广泛的触达方式的营销自动化平台，同时以集团的名义提出 ONE ID（一个 ID 应用在所有应用中），以客户为中心，打通整个用户旅程中的数据。这两项举措，为后来提出“API 开放银行”奠定了技术基础。

此后，Z 行每年可以执行的营销活动数量直接翻了 20 倍，达到 2 万个，平均每个工作日要执行 100 余个营销活动。经过几年的使用，Z 行沉淀了 2 万多个营销模板及迭代的历史数据。

这样的转变也改变了 Z 行对营销活动执行的策略，它不再要求每个营销活动都有 5% 甚至 10% 的转化率，而是在同一时期大规模地对细分人群进行差异化营销。如果过去的营销活动的颗粒度是“对年龄在 20 ～ 35 岁的男性推送现金贷业务，并且只有一套落地页”，那么现在的营销活动就是对“近 7 日在应用端浏览过汽车分期业务且没有转化，同时本月的信用卡使用额度超过往期均值的一倍的客户”推送离客户生活圈最近的 4S 店相关信息，同时准备了 10 套落地页和 10 个不同的短信话术进行测试。只要这些细分的营销活动的触达人次超过 10 万，且点击率（响应率）超过 1%，便可以开始进行更大规模的营销，比如更广的地域和成本更高的营销触达方式，如呼叫中心。

组织架构：以月活跃用户数为北极星指标

之前我们提到，线上线下割裂的核心问题在于总部和分行的 KPI 考核机制不一致。此前使用的外资营销自动化系统在线下的业务人员中使用率极低，特别是智能投顾业务[①]。原因在于这样做的营销活动的绩

① 通过人工智能和业务规则的输入，营销人员可以将大部分标准化金融产品的交易操作自动化。

效和提成是归因在总行零售部门的。我帮你完成了你的 KPI，谁来完成我的？

Z 行率先将零售总部线上运营部门的 KPI 设置为“App 月活跃用户数”（MAU）。后来证明，这是一项天才的举措。

毕竟在当时，“增长黑客”这一互联网营销理念还没有传入国内。将“用户价值”这一理念作为互联网企业的核心指标更为常见，比如爱彼迎的北极星指标是总预定天数，月活用户数更常被 Facebook 或微信这样的高频社交媒体平台作为北极星指标，因为更长的在线时长意味着更多的广告收入。但对银行来说，更高的月活数在当时看来除了徒增服务器成本、使应用架构更加繁复，貌似并没有办法带来更多的利润。那么，Z 行为什么要这样做？它需要在平台上承接什么？

答案是，用户和网点业务人员。

所以，Z 行将权力和业绩归因下放到营业网点，零售总行的线上运营部门为营业网点“获客”和“激活”，同时高活跃的用户生态保证了网点业务人员推送营销活动时的触达率。各个网点变成了分散在各个社区里的敏捷营销小队，它们能够获取业务、数据和技术应用，进行自我迭代。而线上运营部作为中台整合科技团队，也就是前文提到的 ITBP，占整个 IT 部门的 60% 以上。这些科技团队成员加入融合性的敏捷营销中台，将后台的数据和技术应用形成营销模板，以服务前台“场景化获客”的需求，实现双赢。最终，营销自动化平台在各营业网点平均每天被 4 ～ 5 个人使用，2000 ～ 3000 人次规模的营销网点业务员每天会给客户主动推送消息。

根据 2019 年年报和外部资料，Z 行两大核心 App 的月活数已经超过 2 亿，签约超过 30 万家商户，扩展了超过 15 万个便民场景（涵盖出行、电商购物）。新的敏捷营销体系让 Z 行的整体转化率提高了 2.5 倍，复杂理财产品的成功营销率近 14%，这个数据在两年前只有 3% 左右。

第十一章　SHEIN：快到极致的服装品牌

2008 年，总部位于江苏南京的跨境快时尚公司 SHEIN 宣告成立。短短 12 年后，2020 年，SHEIN 的营收站上了 100 亿美元的台阶。它作为一家中国的公司，在谷歌的搜索量是 ZARA 的 3 倍。其顾客在接受采访时表示："我从来没有看到一个商店，有那么多我喜欢的衣服。"全职妈妈艾比·帕克豪斯（Abby Parkhouse）告诉《晚点》(*Late Post*)，她在 SHEIN 的第一笔订单花了 120 欧元，之后她每天花数小时浏览该网站，并计划下个月再花 100 欧元购买 SHEIN 的服装。

2019 年，SHEIN 全年上新 15 万款产品，平均每月上新 1 万余款产品，仅 2 个月就赶上了 ZARA 全年的上新量，并且这一速度还在加快。一个月内，SHEIN 仅女装门类平均每天就上新 2000 款产品（包括部分饰品和旧款）。

ZARA 的售价在快时尚品牌中不算高，一件小连衣裙可能只要 30 多美元，但同样的衣服，SHEIN 只要半价甚至不到 10 美元——淘宝的价格。

如果说SHEIN近几年很有可能取代ZARA成为下一个快时尚之王，它靠的是什么呢？

答案是，极致的敏捷。

下面我们从选品、供应链搭建、广告投放、仓储与发货四个方面来进行说明。

选品

ZARA 的选品灵感源于每一季的巴黎时装周和大牌奢侈品的发布会等，ZARA 的新品发布以季度为单位。SHEIN 在这个基础上增加了爬虫，通过市场竞品数据获得独立站、亚马逊、移动电商购物平台 Wish 等平台上热卖的女装样式，不需要有很强的设计感，只要是在一段时间内销售火爆的款式都会被 SHEIN 记录在案。敏捷营销小队最小的作战单元同时管理多个新品的上新，平均一天能够完成 5000 个各种品类产品的上新，这对于传统的女装行业来说是不可想象的——这是绝大部分女装品牌 4 ~ 5 年的上新量，也就意味着消费者今天看到的 SHEIN 主页和昨天几乎完全不一样。

SHEIN 通过谷歌和脸书的广告投放快速完成 MVP 的测试。如果有正向的投放 ROI 则扩大生产；如果一个星期或者几次迭代以后市场反馈平平，没关系，明天还有 5000 多个新品等着测试。

供应链搭建

极致的测试速度和低库存周转率代表 SHEIN 对供应链的要求极高。SHEIN 通过供应链的数据共享，打通从订单、生产到品质控制、库存等整个生产链路的数据，做到对生产过程中的财务、库存等供应链的关键流程精细化的管控和优化。

供应商信息共享（生产数据、产能数据、面料数据信息打通，产品、成本、订单、跟单、品控、物料等管理系统协同工作）、财务运作和回款能力（整链路现金流健康）、库存控制能力（精准预测、小单快返）、供应商配合度高（货款账期短、保净利润），表现在 75% 的工厂直采订单，生产出货在 5 ~ 8 天（面料制作 1 ~ 2 天，裁剪、车缝和收尾 3 ~ 4 天，二次工艺即绣花和印花 1 ~ 2 天），供应商平均货款账期在 7 ~ 10 天（依供应商表现及等级稍有不同），平均净利润在 6% ~ 9%，库存滞销率在 10% 以内，给工厂回款带来了高度配合的工厂数字化。

广告投放

分析 SHEIN 的快速崛起，除了依靠极致的迭代和强大的供应链能力，抓住了流量红利和精细化投放也是其增长如此迅速的主要原因。除了海外独立站常用的脸书引流和谷歌关键词这一常用组合，SHEIN 实实在在地抓住了 Instagram 长尾网红这个流量红利。

通过一站式广告投放平台，SHEIN 的投放和设计部门进行协作，对投放反馈的数据和衣服素材元素视频进行交叉分析。它能够通过消费者对广告的实时反馈，第一时间知道颜色、款式、搭配、场景、图案的流行趋势，也能够第一时间知道哪些产品进入了衰退期，哪些产品还有潜力。广告投放的数据被回馈到市场研发和供应链管理部门，SHEIN借此调整未来的产品方向。

除了社交媒体信息流的投放，SHEIN 早在 2013 年就开始与网红合作，其中粉丝少的有几百，粉丝多的有几百万、上千万。探索了 2 年后，SHEIN 总结出了一套属于自己的兼顾品效的广告打法。

- 主动接触头部大网红付费做品牌传播，比如海莉·比伯（Hailey Bieber）就曾为大家推荐 SHEIN 的服装搭配。
- 通过联盟营销合作大量的小网红，带来大量的搜索量和外链访问。小网红可以自助式地帮助 SHEIN 提升谷歌和脸书搜索的自然排名。从 Similar Web 2020 年 7 月的数据来看，SHEIN 网站月均流量为 6000 万，网站流量的排名在 Gap 和优衣库之前。这一做法在带来更多自然流量的同时减少了大量不必要的广告花费。事实上，SHEIN 作为独立站，直接访问的流量已经达到了 40%，社交媒体的投放只占到 10%。我在 2019 年早期做过跨境电商，维持月销售额 10 万元的独立站的流量采买费用经常高达 3 万～4 万元，60% 以上的流量来自付费媒体。所以，SHEIN 的尾部网红效应可以说是行之有效的。
- 同时，有针对性地找到腰部网红，付费让他们生产内容。比如社交平台上的开箱视频，在视频结尾赠送优惠券获得转化和网红归因。消费者也会因为B网红的优惠券力度比A大从而向B聚集，增加粉丝黏性的同时与大量腰部网红深度绑定。在直播火起来的时候，大量腰部网红帮助SHEIN占据了直播流量的先机。

仓储与发货

SHEIN的全球仓储业务人员高达4000人，占供应链雇员的80%以上。他们在SHEIN销售额最高的几个市场，如美国、意大利、法国、西班牙、加拿大建立了数字化物流体系和像神经网络一样的国家中转仓、州级中心仓、区级前置仓。其效果也是显而易见的，对于大部分跨境电商的卖家来说，从深圳发货到北美至少需要30 ~ 45天，但在SHEIN上买的衣服只要10天就能够被送到家门口。

从严格意义上说，SHEIN在做的事情，很多有供应能力、有投放能力的公司也在做，某种程度上甚至比SHEIN做得更好，SHEIN能够成功是因为做了所有能够使营销更加敏捷的工作。在SHEIN与竞争对手在某个产品和素材方面差不多时，差别也许就是SHEIN供应链快了两天，开始投放时已经积累了转化数据，广告模型已经开始运作，而对手需要花更高的价格购买同样的流量。因为SHEIN的供应链体系更完善，成本更低，即使竞争对手出高价，其利润空间也会被挤压得极为狭窄。综上所述，SHEIN就是通过每一个环节的敏捷化，快一点，再快一点，最后获得了一步快、步步快的竞争优势。

写在最后：敏捷，不只是营销

在《原则》一书中，桥水基金创始人瑞·达利欧（Ray Dalio）提及如何从错误中学习：把思维定式从认为“我是对的”变成了问自己“我怎么知道我是对的”。

数字时代，一切商业都将以消费者为核心打造产品。如果你认同这点，那么你就会发现，敏捷不只适用于营销和互联网两个领域。所有行业都值得用敏捷的方式尝试一遍，而这也是过去 20 ~ 30 年一些互联网人的底层思维。

埃隆·马斯克的 Space X 用更快的速度制造火箭，将一个火箭的研发周期由 28 个月缩短到了 14 个月，成本压缩了 1/3，让美国的星链计划得以提前 70 年完成。这是集中生产、摒弃大量零件供应商、快速决策和敏捷文化带来的结果。

软件服务提供商 Salesforce 用 SaaS 的方式颠覆了企业购买软件的方式。根据统计，2002 年购买一款 Sibel CRM，覆盖产品使用权、硬件采买、运维等费用后，200 人的营销团队一年的花费将近 130 万美元，相较之下，Salesforce 只要 12 万美元，而且它的产品更新速度更快。

敏捷这种思维模式可以被用于商业模式、营销，甚至是生活的方方面面。

与其一直思考是否应该创业，何不将创业的点子缩小、缩小再缩小，用 1 万～ 2 万元快速验证想法？

与其花 200 万 ~300 万元开一家餐馆，何不先用 10 万元开一家外卖专营店或者用 50 万元加盟一家连锁店？

与其从 0 开始构思一本书，何不从公众号开始写起，用阅读量和点赞量确定书的主题和方向？

本书就是用这种方法完成最开始的 MVP 和 PMF 的。在公众号前前后后发布的 30 ～ 40 篇文章中，我发现，读者不喜欢纯粹的营销趋势内容介绍，抽象化地讲解营销是什么、不是什么，或者将欧美的营销理念生搬硬套到中国，纯粹地翻译。这些文章的阅读量、点赞量和评论远远不及分享实战经验、营销案例分析和可以直接落地的方法论的文章。

所以关于本书，我大概做了一个定位：以实战总结为主，包含大量案例，顶层加以方法论指导。

一开始我的选题方向有 3 个：营销运营、敏捷营销和 SaaS 营销实战。

为此，我注册了一个亚马逊的 Kindle 出版商账号，就 3 个选题在平台上发布了 3 本书的名字以及对应的 5000 字左右的内容描述，读者可以在看到书籍内容之前进行预购，而我在后台可以看到 3 本书的预购和浏览情况。

反馈显示，不管是点击率还是订购意愿，敏捷营销这一主题的关注度都大大超过另外两个。

确定了“敏捷营销”这个选题方向后，我需要确定书的内容。公众号运营帮助了我积累了一定的“种子用户”，我可以在敏捷营销这一公众号的文章中询问意见。这本书很大一部分采访案例都是在知道公众号粉丝想要了解什么后才展开的。

读者将宝贵的时间花在我的文字上，我需要保证输出的内容对读者来说是能够交付价值的，而不是自己在书房中对营销理论和趋势进行臆想。

我想说的是，我希望这本书的读者，都能够带着敏捷的思维模式对这个不确定的世界进行思考，不管是在营销、写作，还是在任何你觉得有把握做成的事情上。

本书的核心观点可以总结为以下 9 点。

（1）在今天，营销变革的核心都应围绕“如何建立更加紧密的消费者关系”，因为这是数字化时代企业最核心的竞争优势。

（2）为了建立这样的关系，企业可以重新定义组织架构、文化和工作方式，对营销技术加以应用，摒弃传统以产品和渠道为核心的营销模式，用比竞争对手更敏捷的交付方式交付产品价值，同时提高营销实验的成功率。

（3）一切数字化转型的最终目的，都是更加敏捷地在现有流程的基础上做延续性创新，用更加快速的组织架构和人才进行破坏式创新。营销数字化如果不以更加敏捷为目标，就是在原地打转——为了数字化而数字化。

（4）好的企业营销和坏的企业营销差别在于营销实验的能力。如果你的团队一年只能够投入 5 个营销活动，那么你要清晰地认识到，你的营销在企图影响消费者决策时失败的风险极大。你要一直增加每年可部署的营销活动的数量，直到你发现整体的营销 ROI 和人效有显著的、不可逆转的提升。

（5）今后的消费品市场不存在产品通吃市场的现象。通过市场上已经验证的交易关系，挖掘消费者的细分需求，快速测试并带着 MVP 的思想去试错是未来营销人员的任务。没有人知道一个新的产品在新兴媒体或者新的营销模式下能否契合细分消费者的希望。我们在确定优先级时要明白，在核心业务目标的指导下，永远优先做成本最低的营销实验，同时要确保这些实验能够得到数据反馈。

（6）敏捷营销的基石是组织架构、人才、企业文化，在这之上是细分到指导每一个人的方法论和工作内容。使用营销技术栈能够帮助营销人员在获取数据、发布营销活动、制作素材、管理代理商等常规工作中提高效率，好的营销技术栈能够帮助我们更方便、更便宜地把事情做完，但不要期望它能够给业务带来直接的增长。真正的业务增长一定是以上所有因素综合的结果。时刻都不要忘了我们不可控的变量和做某件事情的时间点。

（7）A/B 测试思维后面代表的统计学思维是营销实验必备的。一个过早结束的营销实验、一个因为没有积累足够大样本量就盲目扩张的行动可能让一个企业深陷泥潭。在规模化之前要时刻问自己三个问题：一是我的样本量是否足够？二是下一阶段营销活动的边界在哪里？三是我怎么知道我是对的？

（8）帮助团队回顾每一次营销实验的迭代，同时帮助整个公司、部门建立鼓励试错的氛围，这对践行敏捷营销的公司和部门尤为重要。

（9）不管是新兴的品牌还是传统企业的子品牌，都可以参考SHEIN的模式构建自己的敏捷营销模式：一是获得灵感来源，用经过市场验证的点子快速生产；二是用最低成本生产成品，完成信息流广告测试，用能够快速获得数据反馈的市场投放方式收集市场对产品的反馈和投放效果；三是迭代产品，通过用户的联系方式、手机、微信、邮箱等服务做交叉销售，通过客户的反馈研发迭代产品，快速找到新的产品与市场的契合点。

术语定义

营销

营销是有利可图地满足需求。

敏捷营销

敏捷营销是小步快跑、快速试错的营销模式。强调通过提升组织进行营销实验的能力，在多变的市场中获得竞争优势。

消费者 / 顾客 / 用户

消费者的定位更低频，顾客与品牌的关系更加紧密，用户不一定对品牌产生过购买行为。三者都是公司提供服务的对象或产品的享受者。

品牌公司

品牌公司是需要花费营销预算以达到品牌宣传或效果转化目的的品牌主。

4A 公司

4A 是美国广告代理商协会（The American Association of Advertising Agencies) 的缩写，该协会是 20 世纪初美国各大著名广告公司协商成立的组织。该组织对成员公司有很严格的标准，最主要的协议就是关于收取客户媒体费用（17.65% 左右）的约定，以避免恶性竞争。

本土 4A

中国广告业的 4A 组织起源于广州。广州 4A 的全称是“广州市广告行业协会综合性广告代理公司委员会”，由一些有影响力的本地广告公司自发组织，本土公司包括省广、黑马、平成、蓝色创意、合众、协作、千里马等。本土 4A 的基本标准更关注财务和经营指标：年营业额 1 亿元以上，收入在 1000 万元以上；由 3 个以上的客户经营 3 年以上；在 2 个以上城市有分支机构；公司员工数量在 50 人以上。

用户生命周期价值

用户生命周期价值是用户从获取到流失这一过程对品牌产生的所有价值。用户生命周期价值一般由用户购买服务或产品产生的收入除以用户数量计算得出。

获客成本

获客成本是企业每获得一个客户所需要的营销相关和销售相关费用，这个获得的“客”可以是一个注册的用户、公众号的粉丝、信用卡的核卡客户，与公司对关键指标的定义相关。

精准营销

有别于传统粗放式、大媒体的广告，精准营销讲求在对的时间点把对的产品推送给对的人。精准营销需要用大数据技术识别对于企业来说"对的人"，将相关触点激活并且统一管理"对的产品"，制定"对的时间"的营销策略。

营销技术

营销技术（MarTech）是服务营销人员的技术软件、数据应用、AI、云计算等相关技术。

CDP

用户数据平台（Customer Data Platform，CDP），一般以软件的形式存在，旨在将散落在各处的消费者数据，包括社交媒体数据、CRM系统数据、历史购买数据等与消费者有关的数据汇聚在一个平台，形成统一的用户视图。

自动化营销

自动化营销（Marketing Automation）一般以应用的形式存在于营销技术栈之上，通过系统的方式取代营销人员"在某个时间点，对某群人进行触达"的营销执行工作。

联盟营销

联盟营销（Affiliate Marketing）是一种网络营销模式，公司将该广告模式补偿第三方发布商产生流量或引向公司的产品和服务。第三方发布商是联盟会员（Affiliate）。有流量的博主或者自媒体人，通过分享联盟会员的产品链接，对产品的转化行为进行抽佣。

API

应用程序接口（Application Programming Interface，API）是一些预先定义的接口，如函数、HTTP 接口或软件系统不同组成部分衔接的约定。用来提供应用程序与开发人员基于某软件或硬件得以访问的一组例程，而又无须访问源码，或理解内部工作机制的细节。

CRM

客户关系管理（Customer Relationship Management，CRM）是指企业与客户之间的关系管理。在不同场合下，CRM 可能是一个管理学术语，也可能是一个软件系统。CRM 通常是指用计算机自动化分析销售、市场营销、客户服务及应用等流程的软件系统。

CMS

内容管理系统（Content Management System，CMS），企业统一管理营销物料和权益的平台。

DSP

需求方平台（Demand Side Platform，DSP），广告主或代理商使用的自动化广告交易平台。广告主或代理商通过这个平台发布广告竞价请求，以期对目标用户展现品牌广告。与之对应的是 SSP（供应方平台），是媒体管理其广告资源的交易平台。

ERP

企业资源计划（Enterprise Resource Planning，ERP），是指建立在信息技术基础上，集信息技术与先进管理思想于一身，以系统化的管理思想为企业员工及决策层提供决策手段的管理平台。

Lookalike

相似人群扩展，是基于种子用户，通过一定的算法评估模型，找到更多拥有潜在关联性的相似人群的技术。

ID 映射（ID-Mapping）

一个注册用户与其他设备标识符的唯一性匹配。

ROAS

广告投资回报率（Return on Ad Spent，ROAS）用于衡量广告投放端的广告效果。

开放式认证系统（OpenID）

微信为了识别用户，每个用户针对每个公众号或小程序等应用会产生一个安全的 OpenID，公众号或应用可将此 ID 进行存储，便于用户下次登录时辨识其身份，或将其与用户在第三方应用中的原有账号进行绑定。

程序化广告采购交易平台（Trading Desk）

这一概念源于金融量化交易中的交易专柜，在广告领域指通过接入其他 DSP 的开放 API，对程序化流量进行集中采买的广告技术软件工具。

POC

验证性测试（Proof of Concept，POC）是业界流行的针对客户具体应用的验证性测试，根据用户对采用系统提出的性能要求和扩展需求的指标，在选用服务器上进行真实数据的运行，对承载用户数据量和运行时间进行实际测算，并根据用户未来业务扩展的需求加大数据量以验证系统和平台的承载能力及性能变化。

RTB

实时竞价（Real Time Bidding，RTB），即在每个广告展示曝光的基础上进行实时评估及出价的竞价技术。